Descobrir Jogos Online Grátis

Disponível Aqui:

BestActivityBooks.com/FREEGAMES

5 DICAS PARA COMEÇAR

1) CÓMO RESOLVER LAS SOPA DE LETRAS

Os puzzles têm um formato clássico:

- As palavras estão escondidas sem espaços ou hífenes,...
- Orientação: As palavras podem ser escritas para a frente, para trás, para cima, para baixo ou na diagonal (podem ser invertidas).
- As palavras podem sobrepor-se ou intersectar-se.

2) APRENDIZAGEM ACTIVA

Ao lado de cada palavra há um espaço para anotar a tradução. Para encorajar a aprendizagem activa, um **DICIONÁRIO** no final desta edição permitir-lhe-á verificar e expandir os seus conhecimentos. Procure e anote as traduções, encontre-as no puzzle e adicione-as ao seu vocabulário!

3) MARCAR AS PALAVRAS

Pode inventar o seu próprio sistema de marcação - talvez já use um? Pode também, por exemplo, marcar palavras difíceis de encontrar com uma cruz, palavras favoritas com uma estrela, palavras novas com um triângulo, palavras raras com um diamante, e assim por diante.

4) ESTRUTURANDO A APRENDIZAGEM

Esta edição oferece um **CADERNO DE NOTAS** prático no final do livro. Nas férias, em viagem ou em casa, pode facilmente organizar os seus novos conhecimentos sem a necessidade de um segundo caderno!

5) JÁ TERMINOU TODAS AS GRELHAS?

Nas últimas páginas deste livro, na secção **DESAFIO FINAL**, encontrará um jogo gratuito!

Rápido e fácil! Consulte a nossa colecção de livros de actividades para o seu próximo momento de diversão e **aprendizagem**, a apenas um clique de distância!

Encontre o seu próximo desafio em:

BestActivityBooks.com/MeuProximoLivro

Aos vossos lugares, preparem-se...Vão!

Sabia que existem cerca de 7.000 línguas diferentes no mundo? As palavras são preciosas.

Adoramos línguas e temos trabalhado arduamente para criar livros da mais alta qualidade para si. Os nossos ingredientes?

Uma selecção de tópicos adequados à aprendizagem, três boas porções de entretenimento, e depois acrescentamos uma colherada de palavras difíceis e uma pitada de palavras raras. Servimo-los com amor e máximo divertimento, para que possa resolver os melhores jogos de palavras e se divirta a aprender!

A sua opinião é essencial. Pode participar activamente no sucesso deste livro, deixando-nos um comentário. Gostaríamos de saber o que mais lhe agradou nesta edição.

Aqui está um link rápido para a sua página de encomendas:

BestBooksActivity.com/Avaliacoes50

Obrigado pela vossa ajuda e divirtam-se!

1 - Dirigindo

```
C L V X W Y H F I E D H Q L S M
X E G V J J W L P L W B X A W O
G N R C L U D I A N T R Z V X K
I N T D D R O F F G N E C L B N
F W T E D Y R T S D W C Q J E S
F T N I A W M A D Z C I V H I S
A F M K U N Y A R R Y A V F C Z
R H Y B U D D R P M C U I S M S
T C T P Z A D U K D F G D B O Q
B W R S E J D D Y W N A T F D P
K L W B W R C O F L D R G F U B
S E Y E C W Y M H F X E J Y R F
L G D P T E K G X H B J W K J S
X O D C A R A U L D D E H P H L
G I E F Z G J O F M H E A F A J
L D D C V R T F V U B H U Z P K
```

DAMWAIN	BEIC MODUR
CAR	MODUR
TANWYDD	CERDDWYR
RHYBUDD	PERYGL
FFORDD	HEDDLU
BRECIAU	STRYD
GAREJ	DIOGELWCH
NWY	CLUDIANT
TRWYDDED	TRAFFIG
MAP	TWNNEL

2 - Antiguidades

```
D A R N A U A R I A N C P I J E
O A M Z T N A I H T R E W R A S
R D W Q W M J A U E A R H N I A
I F E F L P P C P Z W F H P Z S
E E H E N X T Y K R G L R Z T Y
L R L K D P V Z D Y B U H D W L
G T V E P A W Y H U X N V R X I
E W E L O F I R N A C F P X B D
Q C E O A J O D W N P E B B L C
A E Q R I R H A D D U R N O L A
N L X E T J O Q X O E D P Q U I
S F K F X H O I T I S O G N D N
A K A R N F V Y E I C D Z L D V
W D O A Y E I T E M C M D Q R L
D Z Y N D E G A W D A U D U A X
D N I A V Z L A F K M P E J B M
```

CELF	EITEM
DILYS	ARWERTHIANT
ADDURNOL	DODREFN
DEGAWDAU	DARNAU ARIAN
CAIN	PRIS
CERFLUN	ANSAWDD
ARDDULL	ADFER
ORIEL	CANRIF
ANARFEROL	GWERTH
BUDDSODDIAD	HEN

3 - Churrascos

```
Q B W V Y C V T S O W F O B Z X
C I M V Y R K L Y K Q J V C J X
I R L T P R E B Q L N H V R Z V
N E L G R I L H A F A M G I N K
I X Y R H T E A I R O D D R E C
O X S R Z D N E H T N A L P W G
R Â I W Y C N F A G E V L O Y W
S U A D A L A S L E P U Y C N A
O Y U X B S S Z E M U C L K E H
T S R H W S T D N A P F L U C O
A L Q T M Y Z S G U U V Y V D D
M Y S Y H T E O P Q R E C P X D
O W A W R I Q E H B R G T W M I
T B Z R O V O S X H R E T G D A
L K B F G F I N E V N A R J G D
Q Y H F W A S Q R M H W O L V Z
```

SYRTHION
GWAHODDIAD
PLANT
CYLLYLL
TEULU
NEWYN
CYW IÂR
FFRWYTH
GRIL
CINIO

GEMAU
LLYSIAU
SAWS
CERDDORIAETH
PUPUR
POETH
HALEN
SALADAU
TOMATOS
HAF

4 - Pesca

```
Z N B O J O N M T L U G W L G J
U S U D F A C Q F P X V U K W T
L U W O R E M D G Z K O D T I W
C M N C O W J Y H B R I C I F I
W W K R O M Y T N Y H C A B R Z
C W C H C G E B D E P X M S E B
B S F T F E I Y R Ŵ D B O H N D
A P E E T T F N R F Y D V V O D
S Z T A E T Z N I A W V W J F U
G X D R S N G L F O B R Z O D N
E D M T B C A L Q O A Y V K O N
D A F Q O S W Y M U R E F F O T
F F Y D N F S N T A G E L L A U
K O E N I P W Y S A U C Y C T J
S N K O A S S E S G Y L L Q C Z
Y F R I D Y R G X C R Ê N E Y I
```

DŴR   ABWYD
ESGYLL   LLYN
CWCH   ÊN
TAGELLAU   CEFNFOR
BASGED   AMYNEDD
COGINIO   PWYSAU
OFFER   TRAETH
ESBONIAD   AFON
GWIFREN   TYMOR
BACHYN

5 - Geologia

```
M F X H S T A L A G M I D A U U
E I M T A M V D N M C U C S C D
J M V R V E W D A S I D A H Y D
E K G A S T N Y Z X B U L O L C
A V E P V I R N N O Q N S G C W
F P R T R T O Y S A S G I O H A
C W R E L C C F K W U G W F O R
C D A T S A W G H W X Y M F E T
R R C L D L F S F F O S I L D S
N H I K Q A D O H A L E N M D R
V N H S X T X L B B H S O D K V
E Y C J I S Q L F F Y U L G H C
E R I D N A F Y C Z M R M D X W
G X N A H C L D A E A R G R Y N
R N W K Z U D A L A P V V Q V K
L A F A Y H H U U S N X O W T G
```

ASID	FFOSIL
HAEN	LAFA
OGOF	MWYNAU
CALSIWM	CARREG
CYLCHOEDD	GWASTAD
CYFANDIR	CWARTS
CWREL	HALEN
CRISIALAU	DAEARGRYN
STALACTITE	LLOSGFYNYDD
STALAGMIDAU	PARTH

6 - Ética

```
A  K  L  O  M  Y  S  E  H  R  A  Q  E  K  D  U
M  Q  J  O  P  U  Q  B  J  H  C  R  A  P  Y  A
Y  Y  H  C  W  R  A  G  F  E  D  D  O  G  N  U
N  B  T  U  I  V  M  D  R  S  I  D  M  O  O  N
E  E  E  V  R  X  W  P  D  Y  C  Y  D  P  L  I
D  N  A  D  T  D  V  N  V  M  C  W  D  T  I  G
D  I  L  T  L  K  D  L  T  O  G  R  Y  I  A  O
W  H  A  M  O  O  D  A  Q  L  E  T  W  M  E  L
W  T  E  Q  L  S  N  P  S  D  P  S  R  I  T  Y
U  E  R  D  S  U  T  A  F  E  F  E  G  S  H  N
E  O  P  P  X  A  Q  U  N  B  K  N  I  T  C  L
M  D  B  Z  Q  R  G  X  R  U  A  O  D  I  E  J
V  V  M  W  C  T  S  D  V  I  H  G  E  A  P  I
A  T  H  R  O  N  I  A  E  T  H  N  R  E  Q  Y
G  W  E  R  T  H  O  E  D  D  E  Y  A  T  S  T
U  N  I  O  N  D  E  B  P  D  Q  A  C  H  N  K
```

ANHUNANOLDEB	OPTIMISTIAETH
CAREDIGRWYDD	AMYNEDD
TOSTURI	RHESYMOLDEB
URDDAS	RHESYMOL
ATHRONIAETH	REALAETH
GONESTRWYDD	PARCH
DYNOLIAETH	DOETHINEB
UNIGOLYN	GODDEFGARWCH
UNIONDEB	GWERTHOEDD

7 - Tempo

```
H D R S Y L W A Q H B W D X D I
R X Y E A F R W O A L Y D M G Z
H K I F D W J R I N W T O R H K
H V T J O I C Y N N Y H E T J P
F S U T K D C G B E D N N K A G
D E G A W D O V W R D O H O B R
B Z O W E E L L K D Y S B H S E
V F Z I R H C O T Y N E Z M J S
M U N U D D Y D K D B P R I J X
E H E A N W J D T D A O G S I J
H A H I E X X Y X I F I R N A C
M T R W L N P N I W W O W E D W
V K E U A X V Y U O D Z A B M X
A Z K P C Q F L G K T S N N Q T
C M Z X E F O B W J S I N R X H
T X U L Q H S B R S A I R T X C
```

NAWR	BORE
BLWYDDYN	HANNER DYDD
CYN	MIS
BLYNYDDOL	MUNUD
CALENDR	SYLW
DEGAWD	NOS
DYDD	DDOE
DYFODOL	CLOC
HEDDIW	WYTHNOS
AWR	CANRIF

8 - Astronomia

```
Y O U C O S M O S R O C E D A D
S M S W B L A N E D A M H I R I
W E B E C X T Z B T E E E O S S
Z S Z E U H R B F G Y T M R Y G
N P M N L M N S M R B E K E L Y
O I I S P Y Y O M A Z O T T L R
L L E U A D D W F E V R D S F C
R C K G O M A R K A C Y B A A H
S E R Y D D W R E D S O L A R I
G D F P W A K B B D F F P C R A
Y O E E A A W B Y M D L N Y I N
P U F O S W I O N X I A M T W T
S I D O Y Y E Q U I N O X S U O
L M Q H D R U M A G K B J E N Q
X D G B Y W U U V G I H I R Z L
R T A W B Z R B C W N E B U L A
```

ASTEROID	LLEUAD
GOFODWR	METEOR
SERYDDWR	NEBULA
AWYR	ARSYLLFA
CYTSER	BLANED
COSMOS	YMBELYDREDD
ECLIPSE	SOLAR
EQUINOX	UWCHNOFA
ROCED	DDAEAR
DISGYRCHIANT	BYDYSAWD

9 - Acampamento

```
A F I Q F U M Ŵ N A C S X G A D
L N V E F E U Q Â G O M C T Z I
E Y T A A F N W T Q E A G U U C
H L T U H E E L K X D P R M Y U
O L W L R L Z V K O W W K F W B
H T L Q E U G C P X I M Q A M W
A A J O F H T Q C M G W U A E Q
E P M P F D I A I L I E F I N A
H R E M O E J D N F P Z E S A J
E Y P G O O E Q Q Q U E J X B J
T F A M S C O W H L R Y W V A I
Z E B Y S V K J Q N J T H M C U
V D E N K G N I V P P C M D A K
B W L Y G P K R D J E H V N E K
G T L D A U E L L P J P R D Y Q
W F D D C W M P Λ W D R P D M N
```

ANIFEILIAID
ANTUR
COED
CWMPAWD
CABAN
HELA
CANŴ
HET
RHAFF
OFFER

COEDWIG
TÂN
PRYFED
LLYN
LLEUAD
HAMMOCK
MAP
MYNYDD
NATUR
PABELL

10 - Emoções

```
E W J V T S L A A C H C C T C L
W K Z E G C L Q J P J Y A R V J
W Y D O T S A L F I D D R I Z C
L E N B W P W G C Q F Y E S Z C
D J F F E A E N M I B M D T W C
M I O I Y Z N L J A D D I W K J
I I O X G D Y P J T C E G C Y C
F L G L H Z D W S I M I R H F O
O N Y H C W D D E H W M W Y K T
D C F G W H D A W E L L Y C Z R
L Y F T R R G C A R U A D T L O
O N R N E K L A X O K D D Y S L
N N O G N P A U R M C B Q J D F
P W U Q Y H A M D D E N O L M R
V Y S X T F L L O N Y D D W C H
B S U V H D I C T E R A W Q D T
```

LLAWENYDD   HEDDWCH
CARU   DICTER
GYFFROUS   HAMDDENOL
WYNFYD   FODLON
CAREDIGRWYDD   CYDYMDEIMLAD
DAWEL   TYNERWCH
CYNNWYS   DIFLASTOD
DIOLCHGAR   LLONYDDWCH
OFN   TRISTWCH

11 - Ficção Científica

```
G  B  Y  C  A  E  I  T  B  L  A  N  E  D  O  D
D  A  R  D  W  C  S  S  E  L  R  Â  Z  V  O  Y
Y  K  L  K  J  T  J  T  M  C  I  T  B  X  M  S
C  D  I  A  I  T  O  B  O  R  H  I  X  Z  K  T
H  E  X  M  E  L  G  D  M  J  C  N  R  Y  R  O
M  I  Z  K  I  T  Z  D  W  H  Y  Z  O  E  F  P
Y  T  H  D  A  L  H  I  S  T  W  E  U  L  U  I
G  H  L  L  Y  F  R  A  U  I  G  M  R  C  E  A
O  A  B  V  Y  X  Q  L  T  H  N  H  F  A  C  G
L  F  F  Z  X  Z  C  O  Q  R  L  E  G  R  I  D
U  O  C  U  H  G  W  D  F  W  G  I  M  O  T  A
Q  L  R  R  X  U  M  O  Q  H  Z  J  P  A  Q  Z
J  F  M  B  N  F  L  F  M  G  P  R  X  C  X  U
V  S  M  A  T  J  U  Y  F  M  S  N  W  P  D  G
B  Y  D  J  H  P  X  D  A  R  D  Y  W  R  F  F
P  E  L  L  U  T  O  P  I  A  P  Z  E  C  S  C
```

ATOMIG	RHITH
SINEMA	DYCHMYGOL
PELL	LLYFRAU
DYSTOPIA	DIRGEL
FFRWYDRAD	BYD
EITHAFOL	ORACLE
GWYCH	BLANED
TÂN	ROBOTIAID
DYFODOLAIDD	TECHNOLEG
GALAETH	UTOPIA

12 - Mitologia

```
F A T Q Q O P Q F D C U G A T A
O P R U D A E R C H R T A N R N
P D E W Y P B Q W Q E W C F Y G
T Z D Y R E V K F A D D P A C H
N L F R Y E A Y T V O R Q R H E
P S Y C M K S M N V A T P W I N
N D R P D O L Q A I U G P O N F
H I C F D H T N I R Y B A L E I
X A I H Y N L E L I W E C D B L
A L J C G U L G L R G O T E R Q
C R R E I P E I Y G D L L B V A
Y S W T A K M F W X F D O U N P
E O F R D X W N I T M E D D W L
F A G V M F Y E D N M W U E R C
Y O R X J V T C A K J H H X R Z
R H Y F E L W R H N S C K V F J
```

CENFIGEN	ARWR
YMDDYGIAD	ANFARWOLDEB
CREDOAU	LABYRINTH
CREU	CHWEDL
CREADUR	HUDOL
DIWYLLIANT	ANGHENFIL
TRYCHINEB	MARWOL
CRYFDER	MELLT
RHYFELWR	MEDDWL
ARWRES	DIAL

13 - Medições

```
M A R G X M K A G E S I B M D Q
A O E Q G U A S Y W P U E E Y L
R B D Y H N A F L O N A C S F H
G Q E F J U H U G R A D D U N W
O O L A E D T X C K D D R R D M
L K L L E D N K P H J Z A Y E Z
I Q O Q Y U D O X A D W G D R I
C T R N A C T C H T U E E D H H
G Q F C R A U H S J Z H R P X A
M Z Y L R A N W O C G N R D I S
A H C N Y P N A E Q B L G J V D
I S D J R X E R R J E I D W Z
J Z U M À S L T T U B C D T Z V
O W N S I R L F C U G M M I R G
D E G O L L Z I R T E D C E G X
C T J F C Q T H F L T C V B T S
```

UCHDER
BEIT
CANOLFAN
HYD
DEGOL
GRAM
GRADD
LLED
LITR
MÀS

MESURYDD
MUNUD
OWNS
PWYSAU
MODFEDD
DYFNDER
CHWART
CILOGRAM
TUNNELL
CYFROL

14 - Álgebra

```
W C F L O N I L L Q Z F T X H P
K V F B M E L B O R B F D P A A
A M R U T W D M A U N U W F F R
E R A L W I M R O F F G A E A E
W K C O I D D I E L M Y S X L N
X F S R W Y D U B D A I C M I T
Q F I E C N C J W D P J W D A H
M S W S R H I F O D U C Y C D E
W A N O E Q V I Z Q N Z Z M K S
S D T K E Y B E K C W U Y A H I
D B I R A N F E I D R O L I D S
V A Q A I C R O T C A F F N H Y
V V T A G C Z Q Y A T E B T L Y
P Q Y R F R S P N A E Y K G Z Z
U F C E Y Y A Q N W C D L G S C
F A V Z U S Z M U D V S S W W M
```

DIAGRAM
HAFALIAD
FFUG
FFACTOR
FFORMIWLA
FFRACSIWN
ANFEIDROL
LLINOL
MATRICS
RHIF

PARENTHESIS
BROBLEM
MAINT
DATRYS
SYMLEIDDIO
ATEB
SWM
TYNNU
NEWIDYN
SERO

15 - Plantas

```
G  B  C  A  C  T  U  S  O  W  C  G  T  J  F  H
L  L  I  R  V  H  P  O  C  M  P  O  A  D  F  Y
A  O  A  O  P  S  E  R  O  S  W  F  E  R  A  T
S  D  C  L  B  P  H  S  E  V  Z  S  S  D  D  R
W  Y  R  F  K  K  X  C  D  G  M  L  O  J  C  D
E  N  Z  F  G  J  N  Y  W  L  L  G  F  G  U  L
L  Z  D  U  H  P  O  E  I  X  N  J  U  T  L  L
L  R  C  O  D  K  R  I  G  I  W  X  A  Y  Y  Y
T  Ŵ  B  M  A  B  E  D  G  W  R  A  I  D  D  S
X  C  U  Q  I  O  A  D  X  O  Y  J  S  U  U  T
C  X  O  N  L  A  T  E  P  Q  W  U  Y  B  W  Y
F  W  A  Z  D  P  W  W  B  W  D  J  L  P  N  F
M  T  E  G  G  W  R  T  A  I  T  H  R  T  N  I
L  L  Y  S  I  E  U  E  G  Q  F  D  E  Z  G  A
R  P  C  Q  G  E  E  L  E  D  X  Q  P  A  O  N
C  V  Q  J  D  F  O  K  K  R  M  F  B  K  Z  T
```

LLWYN	FLORA
COED	COEDWIG
AERON	DAIL
BAMBŴ	GLASWELLT
LLYSIEUEG	EIDDEW
CACTUS	GARDD
PERLYSIAU	MWSOGL
FFA	PETAL
GWRTAITH	GWRAIDD
BLODYN	LLYSTYFIANT

16 - Veículos

```
Y T H N I R O L U C I E B Q Z D
U G A Y B S G K G A V P L R D L
W I V C Y V F J M R U D O M C L
F C G H S W B F S P N W J P F O
F F R Y N I V L O N N E W G I N
Q M Y X A P Y H K R K V E Y X G
O P A U L L C Q I G D T Y D H D
V R E G W T I R I O N D K B Q A
B O P G I H O F R E N N Y D D N
A T T S B I N X W Q E A D M P F
M C O E M W K R W M R F R Z Z O
Y A W H A F F E R I Y A T K N R
Y R S C S G W T E R W R I W A Y
S T F C H D I X Z W A A A K J U
O D V Z V C B A L W D C B T V Q
H O L H L C I R F R O C E D F M
```

AMBIWLANS	LLU
AWYREN	SGWTER
FFERI	ISFFORDD
CWCH	MODUR
BEIC	BWS
LORI	TIRION
CARAFAN	LLONG DANFOR
CAR	TACSI
ROCED	GWENNOL
HOFRENNYDD	TRACTOR

17 - Engenharia

```
S E F Y D L O G R W Y D D F S D
K E U D G N U H F O N E I F T O
I T J C P J D O O O D B U R G S
U V M L G R L O T N A I A I H B
K F S F T Z P M O Q I T N T Y A
E R X I M W I W T Y F J Y H L R
F G T N A I R I E P I G I I I T
D U P I R U H T Y W R T S A F H
I O C R G S N L V M F G N W U
A Z Y E A S D R M I Y B E T V D
M T N D I E S E L O C E M H L A
E J N N D N H D E G D U I M K L
D H I F D N N F H V N U D E A I
R H G Y R F D Y C V L O R S Q E
W T G D S T F R E R Q H P U Q D
J L L B C Q U C O M M Q I R D A
```

FFRITHIANT
ONGL
CYFRIFIAD
ADEILADU
DIAGRAM
DIAMEDR
DIESEL
DIMENSIYNAU
DOSBARTHU
ECHEL

YNNI
SEFYDLOGRWYDD
STRWYTHUR
CRYFDER
HYLIF
PEIRIANT
MESUR
MODUR
CYNNIG
DYFNDER

18 - Restaurante # 2

```
N L C M L A S A S K L K Y C H N
K S A G Y O R A U P L O G O S J
G R D O I D I Â L W A C M G O G
D P E Y C X B X M A N B Z T I U
U Z I C A C E N I H D L L W Y A
Q O R Ŵ D Z V H K L U J C K T D
S Q Y T D T V M A F F R W Y T H
U J D C W W P B X L M Q R W I R
C Q D J D S B F W H E K S O C N
A R O S S B E I S Y S N Y F B W
Y V O W Y A U L L Y S I A U L D
A Y V F U N S D N J A E U E A L
I T Q G F W U J X Z L Y C Y S S
P Y S G O D G E S F D T L M U M
K E M O L C I N I O F P C C S L
L I B T K C D V C I D V F I A D
```

DŴR	IÂ
DIOD	CINIO
CACEN	LLYSIAU
CADEIRYDD	NWDLS
LLWY	WYAU
BLASUS	PYSGOD
SBEISYS	HALEN
FFRWYTH	SALAD
AROS	CAWL
FFORC	

19 - Países #2

```
H  J  A  M  A  I  C  A  G  S  C  S  M  U  A  Q
A  I  N  A  B  L  A  P  W  O  J  U  Y  W  C  E
I  Y  C  O  A  N  O  Z  L  M  A  N  N  R  N  P
T  U  P  H  Q  F  Y  A  A  A  X  A  I  J  I  Y
I  M  E  C  S  I  C  O  D  L  Z  B  G  Z  A  A
I  D  E  Y  Q  C  T  X  G  I  K  I  E  U  R  D
V  I  C  X  O  P  O  A  R  A  C  L  R  N  F  N
C  W  P  M  X  P  W  P  O  Z  T  V  I  Z  F  A
P  E  X  M  I  I  R  I  E  U  K  X  A  H  B  G
A  R  Y  X  R  V  P  B  G  V  J  P  U  U  U  U
K  D  Q  L  A  W  N  C  S  L  W  S  E  M  V  K
I  D  Z  Q  C  S  S  O  Y  A  F  C  E  Y  O  L
S  O  L  P  R  O  X  I  V  O  R  P  R  W  C  A
T  N  A  P  A  J  S  D  A  S  Y  B  O  Á  J  P
A  I  S  E  N  O  D  N  I  N  O  A  C  P  I  E
N  O  D  E  N  M  A  R  C  B  M  K  H  A  S  N
```

ALBANIA	LIBANUS
DENMARC	MECSICO
FFRAINC	NEPAL
GWLAD GROEG	NIGERIA
HAITI	PAKISTAN
INDONESIA	RWSIA
IWERDDON	SYRIA
JAMAICA	SOMALIA
JAPAN	WCRÁIN
LAOS	UGANDA

20 - Cozinha

```
I  H  N  U  R  X  X  U  C  T  X  R  B  C  X  M
Q  G  B  A  A  S  Y  S  I  E  B  S  O  R  L  L
J  Y  L  N  P  K  X  L  N  U  X  S  W  G  L  L
I  G  F  A  U  C  Z  T  Y  A  W  V  L  C  W  E
L  W  J  P  J  I  Y  G  X  O  C  G  M  Q  Y  T
P  P  F  W  F  T  K  N  R  Y  S  Á  I  T  A  W
O  D  B  C  O  S  H  G  A  C  W  J  X  P  U  A
K  E  J  S  Y  P  P  O  P  T  Y  B  W  P  R  D
A  X  R  L  S  O  F  J  Y  G  R  I  L  G  H  Q
Z  S  A  G  S  H  C  S  D  O  X  D  L  W  E  Y
D  W  J  M  E  C  Y  Q  L  D  T  D  Y  F  W  K
F  F  Y  R  C  L  L  E  G  E  T  O  L  E  G  D
Z  B  I  U  Q  E  L  L  J  F  E  N  L  H  E  R
L  S  K  A  O  J  V  P  C  F  K  X  Y  M  L  G
S  A  R  C  S  R  Q  P  Q  W  X  T  C  A  L  B
P  A  K  Z  Z  T  G  U  I  M  M  Q  A  F  I  U
```

FFEDOG
TEGELL
LLWYAU
LLETWAD
CWPANAU
SBEISYS
NODDI
CYLLYLL
POPTY
RHEWGELL

FFYRC
OERGELL
GRIL
NAPCYN
JAR
JWG
CHOPSTICKS
RYSÁIT
BOWL

21 - Números

```
C K C Y L S U D Y K J F A Q Y B
C H T A M N N E S G O U Z E T T
E J W G Q M A U A D A J P Y M T
L O G E D K R D I G A W U K F O
C V G H C R B D T B Y U M T A G
C R M T U H Y E H P H L P F I P
S M N M K I M G W N A W V C W E
J S O Y U E T E Y P D T N Z X Y
Q Z N P B W H D T E V S X Q Z Y
C Z W A N U E D H D T H T X I K
R A D W I S G R O W Q S O L A M
U M P P A Z E A Y A K E J Q T U
O A I C G K D I I R T R B L K T
S M W M U T L R K R E O R R J F
R U S J B H H T Q D Z D P O F E
Z J N Q G A F E T E C H M C F F
```

PUMP
DEGOL
DEG
UN AR BYMTHEG
DEUNAW
DAU
DEUDDEG
MATH
NAW
WYTH

PEDWAR
PYMTHEG
CHWECH
SAITH
TRI AR DDEG
TRI
UN
UGAIN
SERO

22 - Física

```
Q J G F O T Y A N H R E F N C F
I L R R E D M Y L F Y C H D Y F
U J Y K O L G G B K U O V C F O
A Z Z G E N A C E M V Y X D F R
Y L U N W G Y M A K U U T W R M
K G I O P R T N A Q G D E Y E I
P E I R I A N T N G Y Z Z S D W
N I Q T R E D L M A N I Z E I L
E O I C A L M Y L H U E L D N A
S T G E L C N W Y Q K G T D O K
À S U L U W L Y F G U M A E L R
M O L E C I W L O G E M E C G L
Z U K V K N C X C A J A D B I S
D I S G Y R C H I A N T T P O V
C Y F L Y M I A D P Z D Q O I Z
M Q M M E E H U O X V R K R M W
```

CYFLYMIAD
ATOM
ANHREFN
DWYSEDD
ELECTRON
FFORMIWLA
AMLDER
NWY
DISGYRCHIANT
MAGNETEG

MÀS
MECANEG
MOLECIWL
PEIRIANT
NIWCLEAR
GRONYNNAU
CEMEGOL
YMLACIO
CYFFREDINOL
CYFLYMDER

23 - Especiarias

```
U X W B P H Z C Y S N C O L I S
S U R H J N U Y L A Y S Y L E M
W X J I K O U C G F T D B R D Y
C A R D A M O M A F M J G P I I
T C P U B A Q G R R E C E U C U
O V R Y N N K O L W G L X P H A
M Y E E S I N A L M Z C L U Z L
R Y D C N S O W E G M N R R Z J
F A N I L A M N G I I X Y V V D
D C A K S I N S I R H N U N R M
T N I M A P I A V A X S E B E U
K M R T L D M C H W E R W F E Z
Q Z O O B Y W H A L E N K F F L
U I C V W H C L I C O R I C E P
B T E J K I F O J A D C N J S C
Q R F E N K S X B Q V R O X R B
```

SAFFRWM
LICORICE
GARLLEG
CHWERW
ANISE
SUR
FANILA
SINAMON
CARDAMOM
CYRI

UNION
CORIANDER
CWMIN
MELYS
FFENIGL
SINSIR
NYTMEG
PUPUR
BLAS
HALEN

24 - Países #1

```
C A N A D A W K C W Q I J Y S R
D L D O O R P H C L W E S R L S
I E W N U R J F P Q E K H A F S
M U O Y O S W F O N A R X I M I
G Z N R R P B B R A S I L F O N
M E O W P E Y N C S G D Y F R D
I N R F N C I B U F U N W T O I
X E W W M I K D Z Q Y I P C C A
B V Y N P A D C A R I F D A O J
S B A E N A L O C L Q F A M X I
U V T A X H N I P S L U L B W S
G M M M I B U A X E E O W O V R
Z I K L Q P O V M E P Q G D K A
N I C A R A G U A A H D Z I N E
R J S R K E C W A D O R H A Y L
L W X Y S E N E G A L L A R G B
```

YR ALMAEN
BRASIL
CAMBODIA
CANADA
YR AIFFT
ECWADOR
SBAEN
FFINDIR
IRAC
ISRAEL

YR EIDAL
INDIA
MALI
MOROCO
NICARAGUA
NORWY
PANAMA
GWLAD PWYL
SENEGAL
VENEZUELA

25 - A Mídia

```
R  X  C  S  D  M  J  M  A  S  N  A  C  H  O  L
P  G  D  Z  S  Y  Y  P  B  K  L  U  G  C  L  O
J  E  W  C  Y  L  L  I  D  O  O  Y  B  Y  L  D
T  E  L  E  D  U  Z  D  I  O  S  I  A  H  E  I
R  H  W  Y  D  W  A  I  T  H  U  A  R  O  O  G
D  H  F  A  U  A  I  N  U  L  L  D  L  E  L  I
L  E  Z  V  H  B  I  H  C  D  L  D  E  D  O  D
I  C  L  K  K  F  Q  F  N  A  Y  I  D  G  L
T  S  C  W  G  A  F  F  A  E  S  N  U  I  A
I  E  U  S  E  T  Q  E  W  A  D  G  J  S  N  G
I  Y  E  B  V  D  L  B  I  M  R  I  S  F  U  W
U  V  F  A  Q  M  D  V  Y  T  O  G  O  C  B  E
B  F  G  R  J  P  X  A  E  I  H  K  R  R  M  D
W  U  B  N  C  O  F  T  U  O  O  I  D  A  R  D
D  I  W  Y  D  I  A  N  T  O  A  I  A  L  O  A
C  Y  F  A  T  H  R  E  B  U  U  O  S  U  U  U
```

AGWEDDAU	UNIGOL
MASNACHOL	DIWYDIANT
CYFATHREBU	DEALLUSOL
DIGIDOL	LLEOL
ARGRAFFIAD	AR-LEIN
ADDYSG	BARN
FFEITHIAU	CYHOEDDUS
CYLLID	RADIO
LLUNIAU	RHWYDWAITH
DELWEDDAU	TELEDU

26 - Casa

```
W X O M I U B G N H K U Z M D F
P B K M H M R H E O X Z A W O A
G U R U P C V T L D R C B W D U
I A Z B H O H L T Z Y N G S R C
T V R C E G I N C E D L A W E E
A A I D D E W L L A R L A R F T
K B V P D T D P Y Z Y E B D N K
L L Y F R G E L L L C N M H Y R
L D A N A B S E L A H N B E F K
E A O N G K N Y U P G I J J H C
F R T S E N E F F L F C W K U W
A Q B C F N F P L T L H B K G X
T C I R K B F G T C J E R A G R
S X C A W O D W H B V M T R P K
Y Q W U N P R Q D Y O Z U Â O H
X X V W Y E T O B G P I B V N F
```

LLYFRGELL	LLE TÂN
FFENS	DODREFN
ALLWEDDI	WAL
CAWOD	DRWS
LLENNI	YSTAFELL
CEGIN	ATIG
DRYCH	RUG
GAREJ	NENFWD
FFENESTR	FAUCET
GARDD	BANADL

27 - Vegetais

```
Y D K X W M D Z Y C N X F N M I
M V G S T N A L P G G E F B O E
B P E R S L I D I N U F T L R S
M A L B Y R L I A T W N A O O I
W R L M L J O P M R F R T D N N
R F R Y G O C E A X C Q W F I S
F N A C O K O O X B C H S R X I
R S G W G S R J Q B S F Q E T R
U A Q I I D B K U M O J U S A P
P N D C B Q J G C P Y S X Y X L
W Z I I S A R T I S I O G C N Y
M C S O S D I H R Z F T X H B M
P J G K N H Z L E C Z A F G Z V
E W F G O Z S K L E V M D Y J S
N O S A L A D L E G P O S U I E
X B Q Q G E G D S K J T Z O L L
```

PWMPEN	BLODFRESYCH
SELERI	PYS
ARTISIOG	SBIGOGLYS
GARLLEG	SINSIR
TATWS	MAIP
EGGPLANT	CIWCYMBR
BROCOLI	RADISH
UNION	SALAD
MORON	PERSLI
MADARCH	TOMATO

28 - Balé

```
N G T O S C X C E X M Q M E N O
I Y N J S R O G E N H C E T C J
I N O S M Y Q G W R E F R A M Y
M U T S Y W L I N O D X F A U C
C L I X W S A T D D W D F Y V O
E L L T R Y W S N W A D O H I K
R E O U W G H I D R N W D R F B
D I N A D I W T W H U V V Z F Y
D D N R D D D R Y Y Q L S J A A
O F A Y O D R A S T L Q I K R G
R A I H S I L A E H H C N E G O
I Q G Y N E S X D M E L E J O K
A F E C A G Y N D M X H N C E T
E Y N B F S F Q V Y E U X Q R I
T Q Y N Y O B Y H E A U T X O V
H H M J C G U Q M X A D O Y C Z
```

ARTISTIG
CYFANSODDWR
COREOGRAFFI
DAWNSWYR
YMARFER
ARDDULL
MYNEGIANNOL
YSTUM
GOSGEIDDIG

DWYSEDD
CYHYRAU
CERDDORIAETH
CERDDORFA
GYNULLEIDFA
RHYTHM
UNAWD
TECHNEG

29 - Adjetivos #1

```
K A B A L E G R I D A P G T P E
O R N R E D O M F L B E F E M G
Z A Z O A O A A W L S R G N H S
Z F Q M H K N Q N Y O F E A Q O
U Y O A K M U E U W L F N U H T
D X O T I U U C S Y I A F W D I
D R Y I C Y N M I T W I A G K G
Y D G G P L J I A E T T W O Q I
A R T I S T I G O W Q H R A S S
S X I Z Z R N E F N R E L F I Y
U C T R W M F S T S C S Q C H W
D E N I A D O L F K Q Y B G D P
G W E R T H F A W R X H P V C I
L M E C Z D R K L U X Y M R N Y
Q V F S D I F R I F O L Z S E M
H S F Q N S L N G L J O R V Y C
```

ABSOLIWT	ONEST
AROMATIG	UNION
ARTISTIG	PWYSIG
DENIADOL	ARAF
ENFAWR	DIRGEL
TYWYLL	MODERN
EGSOTIG	PERFFAITH
TENAU	TRWM
HAEL	DIFRIFOL
MAWR	GWERTHFAWR

30 - Psicologia

```
E T K P A Y D A I D D Y F N A C
M G R E N M E Z R E A L I T I L
E U O R Y D O D N Y T N E L P I
D P E S M D D A C B W M N E K N
D R M O W Y A Y Z O R P I M W I
Y O O N Y G L T L R Q O E I H G
L F S O B I M H Q A U P B L X O
I I I L O A I E T D N E N L L L
A A Y I D D E R T H V W X J E C
U D N A O L T A A T S T A F K M
F A A E L Z N P N R L O X D M X
N U U T J Z N I V W W O S C A Q
W Y L H E C I W W G H P R O U U
G W Y B Y D D I A E T H M A N X
B R E U D D W Y D I O N V E G I
S U Q Q R G A S E S I A D T J Y
```

ASESIAD
CLINIGOL
GWYBYDDIAETH
YMDDYGIAD
GWRTHDARO
EGO
EMOSIYNAU
PROFIADAU
ANYMWYBODOL
PLENTYNDOD

DYLANWADAU
MEDDYLIAU
CANFYDDIAD
PERSONOLIAETH
BROBLEM
REALITI
TEIMLAD
BREUDDWYDION
THERAPI

31 - Paisagens

```
M Ô R N U O D D Y N Y M L B O L
D Y F F R Y N L N Y O J W R G L
M Y N Y D D I Â Y L G F C Y O O
M P E N R H Y N S L K S A N F S
H L G R V I A U R C D A I R O G
E L L W Z R F L O A V E C F C F
T G C J U U T F G M F Q U O K Y
X H C W L A I N A N F D S M T N
B Q U U Y F R H E W L I F F Q Y
Q H W H N O D D R E W C F Q Y D
L T K D F O A M N F G Z N C R D
L P R Q Z N E F D U Q O F L W D
G Q Y A D C A U E E T E Y H L G
V C A A E O H V Z R I W V R Y N
T Q E K V T R O F N F E C Q G M
J E H C W S H T S D F C N F K F
```

RHAEADR	MYNYDD
OGOF	WERDDON
BRYN	CEFNFOR
ANIALWCH	GORS
RHEWLIF	PENRHYN
GWLFF	TRAETH
MYNYDD IÂ	AFON
YNYS	TUNDRA
LLYN	DYFFRYN
MÔR	LLOSGFYNYDD

32 - Dança

```
F Y C C O R E O G R A F F I M T
D G R E F R A M Y M J W I H Y R
N H R D R G R A S W Z I N O N A
I J O O I D I E N U T I I F E D
D S Q I M W D R H Y T H M Q G D
C E L F E P Y O G S O M L D I O
X H M N D J K L R E I R U L A D
Y V Y M A M E O L I S I H F N I
S W Y R C H M R L I A R T M N A
R Y G Y A J O U P K A E P I O D
Z E M G H G S S F L K N T M L O
P T D U Z R I A N L U T T H D L
J R Y Z D D W L T P D R X E K O
C O R F F I N C B F A A R U Y D
J T V N M B A C R K U P G S V D
L L A W E N S D G W E L E D O L
```

ACADEMI
LLAWEN
CELF
CLASUROL
COREOGRAFFI
CORFF
DIWYLLIANT
EMOSIWN
YMARFER
MYNEGIANNOL

GRAS
SYMUDIAD
CERDDORIAETH
PARTNER
OSGO
RHYTHM
NEIDIO
TRADDODIADOL
GWELEDOL

33 - Nutrição

```
I  E  O  I  G  V  K  L  E  O  G  O  F  N  S  I
C  D  U  A  N  I  E  T  O  R  P  O  X  U  Z  E
L  Y  D  C  Z  F  I  T  A  M  I  N  Q  U  Q  C
W  Z  T  H  Q  B  G  M  O  X  Y  D  Z  H  Y  H
E  Q  D  B  A  R  L  R  E  B  K  Y  D  O  W  Y
F  P  Y  N  W  S  A  W  S  E  H  R  E  A  Z  D
A  D  L  Z  N  Y  S  N  M  V  B  M  H  G  S  C
R  E  Y  E  X  N  S  A  L  B  D  T  A  W  C  C
C  I  C  G  S  B  W  Y  T  A  D  W  Y  E  T  M
H  E  C  E  Z  U  G  W  E  N  W  Y  N  Z  T  R
W  T  T  R  U  A  Ï  R  O  L  A  G  I  O  I  H
A  T  X  S  U  S  J  E  Q  B  S  E  G  N  Y  V
E  H  O  B  B  Y  L  W  W  P  N  Q  U  H  B  Y
T  I  R  P  F  W  P  H  F  U  A  F  I  L  Y  H
H  Z  J  O  D  P  H  C  T  R  E  U  L  I  A  D
C  A  R  B  O  H  Y  D  R  A  D  A  U  V  R  U
```

CHWERW	SAWS
ARCHWAETH	MAETH
GALORÏAU	PWYSAU
CARBOHYDRADAU	PROTEINAU
BWYTADWY	ANSAWDD
DEIET	BLAS
TREULIAD	IACH
CYTBWYS	IECHYD
EPLESU	GWENWYN
HYLIFAU	FITAMIN

34 - Energia

```
V  O  G  D  N  W  Q  D  M  W  W  O  N  R  W  T
U  Y  W  D  A  D  D  Y  W  E  N  D  A  C  E  M
C  G  R  V  M  M  P  E  Y  G  W  Y  N  T  N  Q
M  H  E  G  Q  Q  O  F  Y  M  T  R  W  G  T  W
D  C  S  M  R  C  O  D  D  Y  W  N  A  T  R  Q
T  Y  A  I  Z  T  T  G  U  L  E  E  Y  L  O  F
D  D  E  R  G  Y  L  L  V  R  H  H  R  A  P  F
T  G  E  T  B  C  A  R  D  I  E  S  E  L  I  O
Y  A  E  A  A  O  D  I  W  Y  D  I  A  N  T  T
R  S  B  B  K  J  N  M  L  H  A  U  L  A  C  O
B  O  T  C  P  G  G  R  H  S  U  W  K  D  Q  N
I  L  A  M  G  Y  L  C  H  E  D  D  S  Y  L  D
N  I  E  P  R  N  I  W  C  L  E  A  R  R  X  X
Q  N  E  G  O  R  D  Y  H  W  L  Q  H  T  Y  O
Z  E  N  W  R  N  U  V  Z  U  P  Y  Z  Z  V  J
E  L  E  C  T  R  O  N  O  W  N  C  J  O  J  N
```

AMGYLCHEDD	GASOLINE
BATRI	HYDROGEN
GWRES	DIWYDIANT
CARBON	MODUR
TANWYDD	NIWCLEAR
DIESEL	LLYGREDD
TRYDAN	ADNEWYDDADWY
ELECTRON	HAUL
ENTROPI	TYRBIN
FFOTON	GWYNT

35 - Disciplinas Científicas

```
N H H T E A I D D Y H T I E I A
C I A D L N N T D R X K N M K R
Y I W L C C E A F S K S B E I C
M M N R Z J Z N T P A X D T N H
D I U X O J X T H O P X I E E A
E W D X N L Q W B Y M O C O S E
I N Z V K F E G V L I E R R I O
T O S Y Q J Z G E M E C G O O L
H L M Z A G P E S N R B E L L E
A E A Y P H F L E F I I U E O G
S G E L O I B O I K K O E G G E
E T M V A R X I C C W C I X Y N
G Z S G J D L S O D Y E S K I A
K X P O W T O I L F I M Y D L C
D A E A R E G F E Y G E L O C E
D R Y H K X O F G N O G L C T M
```

ANATOMEG

IMIWNOLEG

ARCHAEOLEG

IEITHYDDIAETH

BIOLEG

MECANEG

BIOCEMEG

METEOROLEG

LLYSIEUEG

NIWROLEG

KINESIOLOGY

SEICOLEG

ECOLEG

CEMEG

FFISIOLEG

CYMDEITHASEG

DAEAREG

36 - Meditação

```
N D M K Q K M U A I L Y D D E M
Y A Y M E D D Y L I O L G K M E
B H T S M E D D W L F S S J O Q
R E X U G E U T N Y W B F A S C
E D U B R E D R U L G E V L I A
D D H T E A I R O D D R E C Y R
F W N V D H T D Y C F S V F N E
F C O Z D A N O I R E F R A A D
T H W B A R R R S A Y T D C U I
Q D R D W H K F O T E H N J K G
C W O I M R P F S U U T X Q A R
K L M X L M V E G B T R H A A W
S Y M U D I A D O Q V P I N T Y
R S G J H C W R A G H C L O I D
D P L R L D D Y W R W A T S I D
S O S N P G F X S M H J X L J M
```

DERBYN
EFFRO
SYLW
CAREDIGRWYDD
EGLURDER
TOSTURI
EMOSIYNAU
DYSGEIDIAETH
DIOLCHGARWCH
ARFERION

MEDDYLIOL
MEDDWL
SYMUDIAD
CERDDORIAETH
NATUR
HEDDWCH
MEDDYLIAU
SAFBWYNT
OSGO
DISTAWRWYDD

37 - Moda

```
Y G W I R M J E N L Z J C L N O
S M J X B C D L G G L X B T L F
N U A I J U O I N W N E C A L F
E L O R D E M Y C R L N I G Q O
L S T S F R G D C E O N Y A W R
M D G V A E S I N I A C E A F D
M O D E R N R M M D D E U T B D
W R Q D G W R O L D T B A O O I
S D J W K L C T L I E T M J U A
Y M R D I L L A D O M M Y I T D
M Q U U G W E A D L O K T W I W
L M Z F D A R D D U L L O Z Q Y
B R O D W A I T H K I W B C U O
R L S T C Y F F O R D D U S E H
M E S U R I A D A U D K L Z I Q
K Z V E N V F B N F Y S L S N Q
```

FFORDDIADWY

BRODWAITH

BOTYMAU

BOUTIQUE

DRUD

CYFFORDDUS

CAIN

ARDDULL

MESURIADAU

LLEIAF

MODERN

CYMEDROL

GWREIDDIOL

YMARFEROL

LACE

DILLAD

SYML

TUEDD

GWEAD

38 - Adjetivos #2

```
Z D V D K W W F T D K H N P D A
L E C D Q D R T P A Q O E C C V
O T U R A M W H A W W K W F A G
G P O E T H N F D N B C Y X I Z
I A G G A L F H L U G Y D F N D
D A I J R H A A F S R X D J J I
A D C L F A L L O F I R F Y C S
E I Z H E S C L O D I C Y W G G
R D T H R Z H T R I I T R B W R
C D P G O W N E V Y R L C H Y I
V O U B L A V S T I K U Y A L F
E R R M W S K Y D A T B T S L I
O O J C F L X C B V X A C A T A
P L A Q T C V H F F U Z B R N D
C Y N H Y R C H I O L Y P A U O
L O R J P E L E W J O M J C V L
```

DILYS	NEWYDD
CREADIGOL	FALCH
DISGRIFIADOL	CYNHYRCHIOL
DAWNUS	PUR
CAIN	POETH
ENWOG	CYFRIFOL
CRYF	HALLT
DIDDOROL	IACH
NATURIOL	SYCH
ARFEROL	GWYLLT

39 - Roupas

```
F M M U Z C Z A S Y R C J H V F
V F E R Y G S I W G D H D P M G
Z A A W N O L E O O E C C S E G
F L P S N Î J T L D C R S A N Z
O L A Y I H E T B E A Z T N I J
G G S W Z W N N A F I Y Q D G T
U P H H Y D N C S F S W B A K W
M D Y C E S G I D L G J R L O C
M O Q J H W S A N A U G E A Y Z
Z B S X A G Z C K O G W I U X X
P A N T S M W Ô O K V R C H R X
J N U N U H A T L C V E H I O C
I D X W S S H S O X U G L D M C
S A X H O S D G P A H Y E Z D C
Q S B Z S G X T H J G S D Q P R
N D Y P M S E R B V B E O E V A
```

FFEDOG	MENIG
BLOWS	SANAU
PANTS	FFASIWN
CRYS	PYJAMAS
CÔT	BREICHLED
HET	SGERT
GWREGYS	SANDALAU
ADNABOD	ESGID
SIACED	CHWYSWR
JÎNS	GWISG

40 - Herbalismo

```
Q I R C T N A F A L P J U W C Z
R H O S M A R F Q S G B C B Y O
P I K P X C J E S G N G T A N G
G N T Z E J K N Y D O L B S H A
B B L A S J M I E T I Y D O W R
I U R R Q C O G C Z G G U I Y D
J M D Q W R H L Z L I P B M S D
S G D D P E R S L I H D U W I L
Z K R N I C O R I A N D E R O A
Y B Y A B O R X T F A M T F N R
I K W S N A L F A H L Y C F O O
R Y G R K S S U I Z P Z N A G M
Z Q R V T W A I P U D N K S A A
G A R L L E G W L X E S A M R T
M A R J O R A M D I E E E T A I
C I U X R G N G W D A Q D T T G
```

SAFFRWM
RHOSMAR
GARLLEG
AROMATIG
BUDDIOL
CORIANDER
TARAGON
BLODYN
FFENIGL
CYNHWYSION

GARDD
LAFANT
BASIL
MARJORAM
PLANHIGION
ANSAWDD
BLAS
PERSLI
TEIM
GWYRDD

41 - Arqueologia

```
G E P U G B V A A R L T B I P R
W S G A W O Z N A V R Q T P Q H
A G L H W R W G L M E L C I R Y
R Y B C S T K H U J U Z V G S M
E R U Y Z S W O R H T A H Q Y C
I N C R A I R F C Q R X C V B H
D G A H D M L I S O F F W F S W
D H V T O D Y O P H G R L Q Y I
I J B R N H Y N A F I A E T H L
A J F W F E E N P J F B G Q N Y
D Q H G Y T Î M N X I E R J A D
G O G D C I O I R Y C D I X N D
G W E R T H U S O O G D D U C K
B L Y N Y D D O E D D S P V P X
G N A R B E N I G W R I I H Y O
U L M E D A I D D O S N A D A D
```

DADANSODDIAD
BLYNYDDOEDD
HYNAFIAETH
GWERTHUSO
GWAREIDDIAD
DISGYNNYDD
ANHYSBYS
TÎM
CYFNOD
ARBENIGWR

ANGHOFIO
FFOSIL
YMCHWILYDD
DIRGELWCH
GWRTHRYCHAU
ESGYRN
ATHRO
CRAIR
DEML
BEDD

42 - Esporte

```
L Q T N T H P S S T C H M X D H
S K A D L M N N O E A R A W H C
W N E U D Y G O R A U D B E C Y
M E T A B O L I G F E Y O G R M
I D Y G N W C H L P S H L N Y E
M L H N H H K R T S G C G T F S
W A O I C I E B I J Y E A B D T
K I E N O T S M L G R I M G E Y
D H M T C O J E O A N Q P P R N
N N G B H I G I B L V A W S M R
I X T Q E S A L O L F F R O C H
O M L Y N N N N V U O K Y O D A
B U S O F W C Y H Y R A U L E G
D E I E T A I B P S O J V V D L
T T L Y C D Y V R A A V Y Q S E
A S R H Y F F O R D D W R Z U N
```

YMESTYN	WNEUD Y GORAU
MABOLGAMPWR	METABOLIG
GALLU	CYHYRAU
BEICIO	MAETH
CORFF	NOD
DAWNSIO	ESGYRN
DEIET	RHAGLEN
CHWARAEON	DYGNWCH
CRYFDER	IECHYD
LONCIAN	HYFFORDDWR

43 - Agronomia

```
W Q Z T F M I U A W G H A N E X
I I G V F C F T D O B A N D A R
Y W D A I L A N Y C F D D I R P
O F S I Y E J P H T I A T R W G
E I W X L F W T A I P U D Ŵ R L
I C I N N Y O L L Y G R E D D L
X T O O K D R F G W L E D I G Y
U B R L F A G I V S X W K C B S
J M S C E U A M E T S Y S Y G I
T V T S S G N J H Q N F G N L A
K I S K R O I M R E F F P H Z U
J A Q N O I G I H N A L P Y G L
G W Y D D O N I A E T H F R K W
A M G Y L C H E D D H E F C B B
H I O T C M H P F C J F Z H Z Z
Z C K U Q Y F B S V B Q C U X V
```

FFERMIO
AMGYLCHEDD
DŴR
GWYDDONIAETH
TWF
CLEFYDAU
ECOLEG
YNNI
GWRTAITH
ADNABOD

LLYSIAU
ORGANIG
PLANHIGION
LLYGREDD
CYNHYRCHU
GWLEDIG
HADAU
SYSTEMAU
PRIDD
CYNALIADWY

44 - Frutas

```
M N P A Z C G T L E D J G S X C
A W O W R N N E C T A R I N E I
N O R E A A E B N C Q V T Z Q W
G L U D H U I R R A P H A W F I
O E P Q J C R H O I D M Z U O G
D M P Y N O F A M A C B B F G Y
B O E A I C B L Q P G Y E C P J
A N O U W O L O X A G P L J R D
N D F Z N Q A D L P P B O L X Q
A K A S W H C A E P K U O P U V
N N Q O A P K C E I R I O S L F
A R O J R I B O N D L Y W L H U
N O M O G I E F T D U C A F Q G
G E L L Y G R A F F I G F T R I
J N F N X C R H T G X M A H L L
X R L Y W E Y Z L Z O M L Y K E
```

AFOCADO
BLACKBERRY
AERON
BANANA
CEIRIOS
CNAU COCO
BRICYLL
FFIG
MAFON
GUAVA

CIWI
OREN
LEMON
AFAL
PAPAIA
MANGO
NECTARINE
GELLYG
PEACH
GRAWNWIN

45 - Corpo Humano

```
P  N  V  P  U  C  S  E  R  D  G  E  G  E  F  O
E  T  R  W  Y  N  L  V  G  W  W  J  W  Q  S  J
N  L  L  A  W  W  I  U  M  A  D  A  E  G  Q  O
G  C  R  O  E  N  M  P  S  V  D  Q  F  C  Y  H
L  Y  M  E  N  N  Y  D  D  T  F  I  U  N  Z  G
I  Q  B  L  J  A  B  A  D  L  F  T  S  E  O  C
N  P  T  E  I  X  Q  G  Y  Q  R  K  A  K  T  V
S  D  E  A  W  G  B  Y  W  P  Ê  N  U  O  Q  P
F  U  S  N  L  D  Y  L  G  W  F  R  B  K  Y  Z
B  U  T  U  E  C  S  L  S  A  F  A  M  Q  C  U
G  A  L  O  N  L  E  F  Y  Y  K  T  G  N  M  W
P  E  N  T  A  A  I  N  D  V  W  K  D  J  Y  Y
R  Y  A  P  K  W  H  N  O  A  Z  P  K  J  H  H
I  T  P  T  R  L  B  O  P  T  P  Y  U  I  P  J
S  E  Y  T  T  D  P  V  I  X  Z  A  I  L  Y  D
I  Q  J  P  U  P  I  V  M  P  M  F  T  N  U  M
```

GEG	LLYGAD
PEN	YSGWYDD
YMENNYDD	CLUST
GALON	CROEN
PENELIN	COES
BYS	GWDDF
PEN-GLIN	ÊN
GWEFUSAU	GWAED
LLAW	TALCEN
TRWYN	FFÊR

46 - Caminhada

```
C T K U H H P N R E E X R C X I
I E F A U J I X M C T H N Y K R
W D R U Q E O N V S L Z L F G L
W F Ŵ R O O T F S Y L B D E J O
E L D P I H A U L A Y V E I M F
A I K N A G Z A B J W D N R R P
T N O R V R I D L H G D P I M E
Y E X M E H A I S J X Y D A J R
W D R M S S Y T H N P N U D I Y
Y I U P G M D C O Q O Y T G S G
D G T M I R Y U G I C M L S L L
D M A P D I A I L I E F I N A O
A W N V I C A N L L A W I A U N
S R E M A L L Y S R E W G P I D
H T F A U A I C R A P W G U Y G
U Z K H B I S C L O G W Y N T Q
```

GWERSYLLA	CYFEIRIAD
ANIFEILIAID	PARCIAU
DŴR	CERRIG
ESGIDIAU	CLOGWYN
FLINEDIG	PERYGLON
HINSAWDD	TRWM
CANLLAWIAU	PARATOI
MAP	GWYLLT
MYNYDD	HAUL
NATUR	TYWYDD

47 - Biologia

```
P Y G N S X C L X W Y V N H P S
K R M Z T H O E L Q D Y A O L K
U I O L A M A M L I A B T R A Y
P M S T U H D H H L W G U M N F
B R O T E S L K U D I L R O H O
C F M F A I G W G W V E I N I S
H N O R W I N I R Y W N O K G M
C I R E W G I M A T N S L N I O
T O C N K G I O Z I T Y U E O S
J M A A G E P B H T D M N G N I
M T D G J M E S B L Y G I A D S
S Y M B I O S I S O V P A L I E
L P E I C T S Y N A P S E O A X
O E Y E K A I R E T C A B C Y R
B I Q K Q N E M B R Y O S K X M
G G R I Q A H T R E I G L A D T
```

ANATOMEG	TREIGLAD
BACTERIA	NATURIOL
CELL	NERF
COLAGEN	NIWRON
CROMOSOM	OSMOSIS
EMBRYO	PLANHIGION
ENSYM	PROTEIN
ESBLYGIAD	YMLUSGIAID
HORMON	SYMBIOSIS
MAMAL	SYNAPSE

48 - Beleza

```
J G D D Y L I E T S C S A F H K
N S A R G I S J R T E I X R L V
Y O G Y Q I L P M A I S Q A K I
W D I C T T M C U Q N W V G T L
S Z N H B F O A A Z D R L R N A
C I E K C F W I H K E N L A C E
K R G I O R E N T M R I I N U U
Q A O D B U Y C E D B C W C L A
O O T E Y L T H A P C K X E B O
A J O P N O G O N H D G K O L W
K S F Z D C D H A Y T Z S S E C
X T F Q P O L T S A C P Y Z D U
M A S C A R A U A W E L O K M R
D W A G B N Q Q W I L L N I M L
N X G H Y T O O G Q R J Q K K S
C Y F A N S O D D I A D J M N U
```

MINLLIW	FRAGRANCE
CURLS	GRAS
SWYN	CYFANSODDIAD
LLIW	OLEWAU
COLUR	CROEN
CAIN	CYNHYRCHION
CEINDER	MASCARA
DRYCH	GWASANAETHAU
STEILYDD	SISWRN
FFOTOGENIG	SIAMP

49 - Filantropia

```
Y M O P C Y S Y L L T I A D A U
G O N E S T R W Y D D A J E D A
Y L X M E U P Y X X I N M N Y I
P Z P N S W J L O U V G B U N P
Z E V T O A I T A I N E P M O W
C R O N F E Y D D N C N O Y L R
I H N X Y K H I S I T J B C I G
E A O T U P T L B F I L L C A W
U N D I N N E L G A H R D Y E U
E E V N G E A Y Z O C P M H T J
N S Z O T N D C O O G E J O H H
C R K I H C A O B Q Z L X E I H
T S L L G H H E T X X U F D O S
I P I E Z T N O D A U S X D A Z
D C U A I R E H C Y Z E P U K D
K U K H K N C X H T B N I S F R
```

ELUSEN	HANES
CYMUNED	GONESTRWYDD
CYSYLLTIADAU	DYNOLIAETH
PLANT	IEUENCTID
HERIAU	CENHADAETH
CYLLID	ANGEN
CRONFEYDD	NODAU
HAELIONI	POBL
BYD-EANG	RHAGLENNI
GRWPIAU	CYHOEDDUS

50 - Ecologia

```
I  C  K  O  V  H  V  Y  F  Y  Q  D  T  F  R  B
R  Y  W  L  O  D  D  O  F  R  I  W  G  L  H  Y
T  N  A  I  F  Y  T  S  Y  L  L  R  G  O  D  D
U  A  H  T  E  A  G  O  W  Y  H  R  P  R  E  E
G  L  A  M  A  P  T  G  V  V  A  E  U  A  T  A
J  I  M  Y  N  D  L  O  R  O  M  D  F  T  N  N
D  A  R  N  W  D  N  A  C  P  P  H  C  U  A  G
N  D  Y  Y  A  W  T  O  N  B  Z  C  U  O  F  N
A  W  W  D  F  A  T  N  D  H  X  Y  L  X  E  K
T  Y  I  D  F  S  K  T  G  D  I  S  I  B  S  M
U  L  A  O  I  N  J  O  O  B  A  G  G  W  X  J
R  W  E  E  D  I  U  L  R  X  U  U  I  I  R  S
I  E  T  D  Y  H  C  G  O  S  I  F  Y  O  E  W
O  P  H  D  C  U  A  D  E  N  U  M  Y  C  N  H
L  C  Y  N  E  F  I  N  S  R  O  G  P  D  H  W
C  A  W  T  U  N  P  A  I  F  C  X  S  A  A  P
```

HINSAWDD	NATURIOL
CYMUNEDAU	NATUR
AMRYWIAETH	GORS
RHYWOGAETHAU	PLANHIGION
FFAWNA	ADNODDAU
FLORA	SYCHDER
BYD-EANG	GOROESI
CYNEFIN	CYNALIADWY
MOROL	LLYSTYFIANT
MYNYDDOEDD	GWIRFODDOLWYR

51 - Família

```
P G L T U C L E Y T H B D H E F
L Ŵ X A A I K I I B G W R A I G
E R I D I C I P I X K M V Y H A
N I A N Q M B R A W D A Z Z Ŵ E
T U C N A I Y U B G O M A F D K
Y O L W Z I R K W L E A B H D H
N M E R C H D I D P Z U F D H Y
D F E L U N O J T C M S F Y P N
O C Q N C R M E J P H I I X P A
D P L E N T Y N B P U W V R B F
C E F N D E R N H O L B A B A I
K Y W E W Y T H R Z D O K E P A
W B N M C K L K O U E L R P R D
K Z R I H A N J H G G W K A L O
K Q Q C T N A L P T A D O L Z G
P Z E C Y H D Q M E S D C M V C
```

HYNAFIAD	MAMAU
NAIN	FAM
PLENTYN	ŴYR
PLANT	TAD
GWRAIG	TADOL
MERCH	CEFNDER
PLENTYNDOD	NITH
CHWAER	NAI
BRAWD	MODRYB
GŴR	EWYTHR

52 - Férias #2

```
I  I  M  Z  Y  P  W  S  Q  J  L  L  E  B  A  P
Q  T  U  Q  N  B  K  G  U  Y  E  L  P  N  S  U
B  U  I  B  S  V  W  D  L  S  E  U  M  G  I  O
M  D  D  E  O  D  D  Y  N  Y  M  N  W  M  F  F
Y  A  N  X  Y  F  E  T  T  N  Y  I  X  F  T  T
A  X  E  M  V  I  Z  S  H  Y  I  A  J  C  M  M
B  S  D  S  R  Z  O  E  T  T  S  U  L  C  A  O
N  F  D  I  A  F  S  W  E  R  C  H  F  O  P  T
N  H  M  B  H  W  L  G  A  O  O  T  A  C  S  I
A  V  A  M  M  C  Y  S  R  B  D  N  T  Y  I  T
F  F  H  B  H  I  J  R  T  S  P  O  T  Z  S  K
H  M  T  U  E  R  T  C  J  A  S  U  L  P  R  B
C  F  I  J  R  L  T  J  E  P  M  E  T  M  A  L
R  V  A  G  W  Y  L  I  A  U  Ô  H  G  U  R  W
Y  O  T  Z  G  A  S  D  J  S  R  M  Y  A  R  K
C  L  U  D  I  A  N  T  Y  X  Z  A  L  J  Q  T
```

MAES AWYR	MYNYDDOEDD
CYRCHFAN	PASBORT
ESTRON	TRAETH
GWYLIAU	AMHEUON
LLUNIAU	BWYTY
GWESTY	TACSI
YNYS	PABELL
HAMDDEN	CLUDIANT
MAP	TAITH
MÔR	FISA

53 - Edifícios

```
A Y X A L Y A S L L E B A P U G
R T A E H T M Z A L C Q T N A A
C Y T S E W G Q B E T F V W M R
H B S K A S U O O T F N P W R E
F S A G U S E F R S O S R F E J
A Y C S O M D F D A G S B B F T
R W T V H L D A Y C W G K I F Q
C L R Y Z I F T U L V E H H Q V
H Z U T H I A R J R T H H I W R
N A B A C R C I U L O G Y C F A
A W J U S Q O S I N E M A W G A
D F F Y W A S B G M W I D A T S
X J V K N H E R U J X I K F A L
P R I F Y S G O L G H Q D L L P
M R U Q E H I Z A R S Y L L F A
O U O H H H Y X I L N Y Z G F V
```

FFLAT	YSBYTY
CABAN	GWESTY
CASTELL	LABORDY
YSGUBOR	AMGUEDDFA
SINEMA	ARSYLLFA
YSGOL	ARCHFARCHNAD
STADIWM	THEATR
FFERM	PABELL
FFATRI	TWR
GAREJ	PRIFYSGOL

54 - Xadrez

```
H  S  T  R  A  T  E  G  A  E  T  H  T  I  L  D
B  E  K  F  S  K  F  X  D  N  Q  R  N  A  K  G
R  G  R  E  S  M  A  R  T  J  Y  T  I  N  H  O
E  G  H  I  J  Ê  J  L  A  X  E  Y  A  J  U  D
N  C  A  O  A  G  Z  F  T  V  M  J  M  R  G  D
I  Y  S  Y  P  U  P  W  Y  N  T  I  A  U  S  E
N  R  W  P  M  A  C  N  E  P  A  R  N  G  Y  F
V  H  A  G  W  I  Q  S  B  E  M  A  R  R  D  O
O  E  R  O  L  L  D  V  A  H  J  Q  W  G  D  L
H  O  T  W  B  H  V  J  J  R  D  Q  T  D  I  V
U  L  E  G  Y  S  T  A  D  L  E  U  A  E  T  H
J  A  L  C  T  O  R  R  W  I  Y  B  L  O  J  M
M  U  L  W  F  R  T  C  E  D  M  V  Q  V  Y  Q
G  W  R  T  H  W  Y  N  E  B  Y  D  D  L  K  X
B  R  E  N  H  I  N  E  S  T  A  C  Z  O  E  F
V  C  H  W  A  R  A  E  W  R  T  D  Z  T  Q  Y
```

I DDYSGU
GWYN
PENCAMPWR
GYSTADLEUAETH
HERIAU
LLETRAWS
STRATEGAETH
CHWARAEWR
GÊM
GWRTHWYNEBYDD

GODDEFOL
PWYNTIAU
DU
BRENHINES
RHEOLAU
BRENIN
ABERTH
AMSER
TWRNAMAINT

55 - Aventura

```
T W T Y V C R N A F H C R Y C J
L K Q R B Y U E L F Y C O I P N
U A H G U M T W T R K E P M O A
Z O A J F X A Y Z S I X E Y U Y
U P L W U V N D D G W G X H C C
L L Y W I O U D M E U A I R E H
D I O G E L W C H K W M H J Q P
D Y Q N K N L O R E F R A N A E
Y A G W I B D A I T H M D C A R
N M S I R B C I B I Q L H E Z Y
E S Y U Y W I O F N H I C B R G
W E N Y Z R W T N Z D V X B B L
A R D E Z F U A I D N I R F F U
L L O L O H A R D D W C H A F S
L E D D D E R A G H T I E W G W
E N O W Y U R P E K O K I Y B I
```

LLAWENYDD
FFRINDIAU
GWEITHGAREDD
HARDDWCH
DEWRDER
HERIAU
CYRCHFAN
ANHAWSTER
GWIBDAITH
ANARFEROL

AMSERLEN
NATUR
LLYWIO
NEWYDD
CYFLE
PERYGLUS
PARATOI
DIOGELWCH
SYNDOD

56 - Floresta Tropical

```
B H V S N X N V L B Z T G H A G
U A H T E A G O W Y H R N I M O
G E D B M A M A L I A I D N F R
W M I A C Y M Y L A U V E S F O
E Y N W R E F D A L D M F A I E
R S E H C O L L K M D M Y W B S
T L H C Y M U N E D W I R D I I
H X N T U F K O R E M S P D A N
F L Y W E L O G E N A T O B I A
A C C J C A E L B K M J U G D T
W J J T Q O R M K K L P I W L U
R Y E S M I X W H W M B F F R R
L N C C F S K B D V Q N K H O X
K G D Q L O H T E A I W Y R M A
X L D G Y F Z V U H C R A P F Q
G T G S K S T W D M F V I A C C
```

AMFFIBIAID	NATUR
BOTANEGOL	CYMYLAU
HINSAWDD	ADAR
CYMUNED	CADWRAETH
AMRYWIAETH	LLOCHES
RHYWOGAETHAU	PARCH
CYNHENID	ADFER
PRYFED	JYNGL
MAMALIAID	GOROESI
MWSOGL	GWERTHFAWR

57 - Cidade

```
O  C  T  R  P  F  H  Y  S  S  J  D  Z  G  B  B
F  R  Q  H  L  A  C  S  T  J  U  A  E  O  W  L
U  G  I  D  O  R  J  G  A  B  A  N  C  G  Y  F
B  A  E  E  B  C  P  O  D  P  D  H  O  L  T  O
L  F  G  H  L  H  I  L  I  S  O  C  X  L  Y  Y
Y  D  F  R  E  N  V  Z  W  I  L  R  W  L  A  T
P  D  T  K  W  A  S  Y  M  O  F  A  P  E  F  S
B  E  C  W  S  D  N  W  S  P  P  F  Y  G  L  E
Y  U  T  H  E  A  T  R  T  L  O  H  C  R  L  W
S  G  P  N  N  M  Q  H  R  Y  I  C  W  F  Y  G
I  M  I  Q  L  E  A  Q  A  F  S  R  A  Y  R  J
D  A  J  D  P  N  K  R  S  R  K  A  W  L  E  D
G  W  W  R  W  I  K  B  B  A  I  B  Z  L  F  C
K  P  J  Z  U  S  Y  L  Q  U  N  L  S  C  F  E
M  A  E  S  A  W  Y  R  C  X  B  M  Y  A  B  B
P  R  I  F  Y  S  G  O  L  K  A  V  W  K  P  F
```

MAES AWYR	SW
BANC	SIOP LYFRAU
LLYFRGELL	FARCHNAD
SINEMA	AMGUEDDFA
YSGOL	BECWS
STADIWM	BWYTY
FFERYLLFA	SALON
SIOP FLODAU	ARCHFARCHNAD
ORIEL	THEATR
GWESTY	PRIFYSGOL

58 - Música

```
B O I V Z X Z O C G V A C C E I
K A R E P O Z R Z C E C A N U C
K J R Y F Y F R Y B O Z P L B E
D Z W D B X W Z V L P R B O L R
Z M N E D C O F N O D I W I X D
B T A L M O V J F R Q N M S O D
X C C A L S N L B O Z O E I G O
K W B B T R T O C D V M I E J R
N Z A L B W M G L D G R C L A B
R P O H D E O E O R T A R L F Q
F H J G Y J F N R E E H O E C C
R C Y D G Z F Y U C M K F P A O
Q A N T A T E L S U P D F Z L F
M Z I Q H A R E A G O N O Y A A
R T B Q S M Y T L E V C N U W T
U G R J G G N Y C E L R U V F W
```

ALBWM	TELYNEGOL
BALED	ALAW
CANU	MEICROFFON
CANWR	CERDDOROL
CLASUROL	CERDDOR
CORWS	OPERA
COFNODI	BARDDONOL
HARMONI	RHYTHM
BYRFYFYR	TEMPO
OFFERYN	LLEISIOL

59 - Matemática

```
D A E Y S W C D A I L A F A H R
I M B V A I K Y E C Y F R O L H
A F H N W T G B F G N F L P Q I
M E B O F L D E T O O L T A W F
E S Q N M L D R R Z C L S W M Y
D U S D H R E P I P G H F V O D
R R S D Q A H E O O E F R E H D
V K Z E V U C N N L O F Â O S E
P E T R Y A L D G Y M R W U G G
W U F U D L Y I L G E A G K B F
Z J K S M G C C Z O T C S C C S
Q O O E V N P W W N R S W U Q D
V C U M S O C L U A E I I A P T
U J K Y N C C A B U G W D E Q K
K Q U C K T T R R G O N A M C X
A D Y M A R G O L E L A R A P T
```

RHIFYDDEG

ONGLAU

CYLCHEDD

DEGOL

DIAMEDR

HAFALIAD

FFRACSIWN

GEOMETREG

CYFOCHROG

PARALELOGRAM

AMFESUR

BERPENDICWLAR

POLYGON

SGWÂR

RADIWS

PETRYAL

CYMESUREDD

SWM

TRIONGL

CYFROL

60 - Saúde e Bem Estar #1

```
G W E I T H R E D O L C E A I R
I U F H X K Y S I Z T Y S V A K
N D F C E R P L S Z L H G G A M
I M E J H Z T S R V E Y Y L N P
L J R A C F N F A V W R R C B B
C I Y T R G Y D D E M A N T M Q
E J L J Y F W K H X U U V D D C
L Z L F G J E Y M L A C I O V T
T Y F P T Q N R H O R M O N A U
H H A P A M E D D Y G A E T H T
N T E H Y T R I N I A E T H J W
Z E A R E D H C U M S S B Y S Y
R Y R W A I R E T C A B H H Q L
E J A F A P Q M E Z K B Z B C L
P U Y B A P I C R O E N O S G O
C D J S C U Z Z P G F R C J Z T
```

UCHDER	MEDDYGAETH
GWEITHREDOL	CYHYRAU
BACTERIA	NERFAU
CLINIG	ESGYRN
MEDDYG	CROEN
FFERYLLFA	OSGO
NEWYN	ATGYRCH
TWYLL	YMLACIO
ARFER	THERAPI
HORMONAU	TRINIAETH

61 - Imigração

```
O C C N U B E R H T A F Y C D R
N I B Z D O R O R Z F Y S G M L
T V G X D P C F F X S E Z E K F
J X J D Y M F B G Z W F Q K F K
K U A N N E F G O D Y N N Z A H
D Y D D I A D C A U D O F A R T
C T C C E C F C Q U D Q W T F R
J Y X P W H Y L X B O W B A M O
W M L Z G O I F L W G L W I K M
N O I L O D E O R Y I A I T H Y
J P U A I N I F F A F B O N H C
L V X O W D Y D E P I E P A M T
D I O G E L U N E A R T S L I E
K F W Q X I E U L R C A H P D L
W P B C Y M E R A D W Y A E T H
K S K O Y P Y I P N Y Y S Q L M
```

GWEINYDDU
OEDOLION
CYMORTH
CYMERADWYAETH
CYFATHREBU
PLANT
DOGFENNAU
STRAEN
CYLLID
FFINIAU

TAI
CYFRAITH
IAITH
TRAFOD
SWYDDOG
DYDDIAD CAU
DIOGELU
SEFYLLFA
ATEB

62 - Natureza

```
Y  Q  X  U  Q  T  A  K  L  F  P  H  M  M  A  B
R  G  E  S  Y  C  A  F  T  R  H  A  Y  Q  N  N
R  H  V  V  R  H  U  W  O  G  O  S  N  S  I  B
T  C  E  U  C  K  S  J  E  N  R  M  Y  G  A  N
L  W  W  W  T  R  L  X  V  L  M  O  D  R  L  F
Y  D  N  O  L  H  C  Y  D  D  E  H  D  A  W  T
Q  D  K  J  L  I  I  G  I  W  D  E  O  C  C  U
L  R  A  U  Y  E  F  I  A  C  G  E  E  Q  H  D
O  A  F  L  W  I  N  M  I  U  W  W  D  J  X  A
D  H  Y  J  G  B  Q  A  L  V  E  X  D  Z  O  I
O  K  S  U  M  V  E  N  I  X  N  S  J  Y  O  L
F  V  L  B  O  R  L  Y  E  M  Y  Z  V  C  K  H
N  Z  U  X  K  N  O  D  F  C  N  T  Z  Z  A  R
A  R  C  T  I  G  H  N  I  E  E  Y  A  L  O  H
H  S  J  Y  N  H  L  O  N  N  A  F  O  R  T  L
C  Y  M  Y  L  A  U  D  A  L  K  Z  T  V  I  N
```

GWENYN	NIWL
ANIFEILIAID	CYMYLAU
ARCTIG	HEDDYCHLON
HARDDWCH	AFON
ANIALWCH	CYSEGR
DYNAMIG	GWYLLT
COEDWIG	TAWEL
DAIL	TROFANNOL
RHEWLIF	HANFODOL
MYNYDDOEDD	

63 - A Empresa

```
L W Z M K Z A R L O E S O L P U
G S P O S I B I L R W Y D D R N
H E G C R E A D I G O L W Y O E
D N N K X S P U W W P X Q S F D
A S A W C Y N N Y D D L B D F A
I U E X D A N S A W D D F V E U
D B D C U A D A I D D E U T S R
D W Y S Y A D N O D D A U F I H
O I B E T F H T E A G O L F Y C
S W W I W T L M V Z U L U N N R
D D X Y G S J W I N E F E R O Y
D L V P D P R Y Y G D N O D L N
U Z B I O I X Q O N R F F K F N
B B J H Z X A E G G I M U S U Y
R I S G I A U N S X S A K N I C
P F X N V K R Z T Q M T D P X S
```

CYFLWYNIAD
CREADIGOL
CYFLOGAETH
BYD-EANG
DIWYDIANT
ARLOESOL
BUDDSODDIAD
BUSNES
POSIBILRWYDD
CYNNYRCH

PROFFESIYNOL
CYNNYDD
ANSAWDD
REFENIW
ADNODDAU
ENW DA
RISGIAU
TUEDDIADAU
UNEDAU

64 - Doença

```
G I N O R C O T W I C A V M C R
M E D D W L O D D E F I T E O A
E E N D E S S E Z C T I D X R S
I E I E B A M J G H U P P Y F O
Z S Z N T Y R R E Y A G J V F I
L R D W G I V Z H D A S V D Y P
S L Q I R E G Q T J L O B E T A
D Y N M L C F N A P E U D K L R
I G N I L O N N P N R Y G S E E
K J R D Z S P Q O Y G A U U M H
U Y D Z R J O F R L E G E T N T
G W A N G O K B W Y D T S N E L
J K J J A R M O I M D F D I L L
C D L H L M H T N J A E E E H V
J F C L O Y U G G I U J B H V U
S M Y O N P A T H O G E N A U U
```

ACIWT
ALERGEDDAU
HEINTUS
GALON
CORFF
CRONIG
GWAN
GENETIG
ETIFEDDOL
IMIWNEDD

LLID
MEINGEFNOL
NIWROPATHEG
ESGYRN
PATHOGENAU
ATEBOL
IECHYD
SYNDROM
THERAPI

65 - Aquecimento Global

```
A R G Y F W N G Z W G N Y N N G
K T H N M L T A V U O T A J A W
E X A U G Y L B T A D Y S W R Y
N X M D I S R Q O D D M P D R D
I X Z W T Q I X H A W H O R P D
Y D Y W C Y C L F I A E B R R O
N T V Y R S X W A N S R L Z A N
E W M N A P N V R Y N E O B S Y
P L Y N Y E T L U L I D G M O D
C Z A I A S E P C N H D A S T D
I C I G U A H T E A L D E N E C
D I W Y D I A N T C F H T F E B
D E D D F W R I A E T H H V B S
R H Y N G W L A D O L I A R G Q
L L Y W O D R A E T H G U T T I
D Y F O D O L B S X I F R O V B
```

NAWR
SYLW
ARCTIG
GWYDDONYDD
HINSAWDD
CANLYNIADAU
ARGYFWNG
DATA
DATBLYGU
YNNI

DYFODOL
NWY
CENEDLAETHAU
LLYWODRAETH
DIWYDIANT
RHYNGWLADOL
DEDDFWRIAETH
POBLOGAETHAU
TYMHEREDD

66 - Aviões

```
C A A K M V Y O R P N X M D P D
Y W I R C Q J U Z E O J N O I S
N Y T T Y W Y D D I Q A Z I V Z
N R E F P D O A B L I M G Z Z Y
W G I A Y M R L M O D D Y W H C
R Y T U Q C C I C T J K L Y R W
F L H P C J W E A T A N T U R W
A C W D O H D D W A E H N V T A
K H Y A V P D A T N A I R I E P
C S R I R U E E A W L C O M G P
G L A N I O B A R Y Z S P Y N Z
H O J Y T I A U W D L T D I C R
A A G G K W L B Z D Z B I Q X Q
N F U S T Y Ŵ C Y F E I R I A D
E R S I X L N E G O R D Y H R A
S A Q D U Z R Q A W Y R R Q A T
```

UCHDER	HYDROGEN
GLANIO	HANES
AWYRGYLCH	CHWYDDO
ANTUR	PEIRIANT
BALŴN	LYWIO
AWYR	TEITHWYR
TANWYDD	PEILOT
ADEILADU	TYWYDD
DISGYNIAD	CRIW
CYFEIRIAD	CYNNWRF

67 - Tipos de Cabelo

```
S  L  R  U  C  V  R  R  I  H  W  H  T  K  O  Q
S  G  O  I  L  R  Y  C  V  A  W  N  O  I  N  E
R  I  L  E  O  M  B  X  D  I  C  U  G  T  B  P
Y  D  A  E  H  M  L  S  Y  C  H  H  W  N  F  Q
H  E  D  L  I  B  C  H  W  U  W  A  Y  A  U  W
K  H  D  Y  T  L  N  W  L  L  E  X  N  R  A  V
A  T  E  L  T  W  I  T  L  N  L  K  U  I  I  R
O  E  M  G  E  O  O  O  Y  G  L  H  F  A  D  B
U  L  J  T  L  R  Z  G  G  G  I  W  H  N  U  E
B  P  B  P  B  B  P  V  E  P  W  H  O  D  A  S
W  X  J  J  W  D  Y  A  Z  N  X  H  C  A  N  X
H  N  D  Z  H  Y  Z  F  I  B  X  Y  U  O  E  J
Z  T  S  K  H  O  Q  V  A  K  L  P  U  Q  T  R
L  J  F  A  L  I  K  W  J  B  I  O  Z  E  R  B
E  O  B  P  D  V  L  C  D  A  F  W  N  H  Y  L
T  R  W  C  H  U  S  A  U  U  O  E  A  D  R  I
```

GWYN	BLOND
SGLEINIOG	HIR
CURLS	BROWN
MOEL	ARIAN
LLWYD	DU
LLIW	IACH
BYR	SYCH
CYRLIOG	MEDDAL
TENAU	PLETHEDIG
TRWCHUS	BLETHI

68 - Criatividade

```
B R X U A D A L M I E T D T E R
U T M T N A I G E N Y M E Z M B
D W A L R L J L S P B O L Y O S
D H R K I M W L Y G Y Q W B S H
S T F C E I S E D S Y F E B I Y
O E X I D E B M N Y R L D Z Y L
D A F P W T V Y B K C W D P N I
D I I X Y B P G J T P H Y J A F
I L N I S Q I I J Y B S Y D U E
A O Z K E W P D I F F V W M D D
V D Y P D A R T I S T I G I Y D
I Y D T D D R A M A T I G O O G
A R G R A F F E G L U R D E R Z
X B B H H G R E D D F P O E O S
N S B Y W I O G R W Y D D B W H
H Y L G K X G V R T B K H R T C
```

ARTISTIG	DYCHYMYG
DILYSRWYDD	ARGRAFF
EGLURDER	YSBRYDOLIAETH
DRAMATIG	DWYSEDD
EMOSIYNAU	GREDDF
DIGYMELL	BUDDSODDI
MYNEGIANT	TEIMLAD
HYLIFEDD	TEIMLADAU
DELWEDD	BYWIOGRWYDD

69 - Dias e Meses

```
W  D  D  S  Y  M  R  T  N  U  L  L  D  D  Y  D
I  Y  D  O  D  E  W  H  A  A  J  Y  F  C  K  Y
M  D  E  H  G  D  A  S  A  C  L  A  N  O  U  D
Q  D  D  P  O  I  N  U  K  G  H  G  O  F  Q  D
T  S  W  A  R  D  O  H  Q  M  F  W  W  M  Z  I
I  A  Y  B  F  Y  I  G  Y  N  H  Y  E  F  G  A
W  D  U  K  F  D  Y  C  K  Y  B  H  R  D  H  U
Y  W  P  Y  E  D  C  H  Y  D  R  E  F  P  D  F
T  R  E  L  N  M  H  D  Y  D  D  S  U  L  M  B
H  N  Q  D  N  A  W  U  D  Y  N  D  P  L  E  C
N  S  L  F  A  W  E  R  A  W  W  M  U  I  H  A
O  R  S  A  F  R  F  D  I  L  B  L  F  R  E  L
S  M  Q  X  F  T  R  G  E  B  I  D  V  B  F  E
K  I  O  N  Z  H  O  O  X  K  J  P  J  E  I  N
M  S  V  J  U  C  R  T  O  E  I  D  D  B  N  D
D  Y  D  D  G  W  E  N  E  R  D  G  S  Q  Q  R
```

EBRILL	MIS
AWST	TACHWEDD
BLWYDDYN	HYDREF
CALENDR	DYDD IAU
RHAGFYR	DYDD SADWRN
DYDD SUL	DYDD LLUN
CHWEFROR	WYTHNOS
IONAWR	MEDI
GORFFENNAF	DYDD GWENER
MEHEFIN	DYDD MAWRTH

70 - Saúde e Bem Estar #2

```
B  R  R  I  Z  F  C  L  D  Y  F  E  L  C  X  G
R  S  M  R  Y  B  K  W  I  N  A  F  I  Q  H  E
O  W  U  L  G  A  B  V  D  N  D  P  R  U  O  N
A  N  A  T  O  M  E  G  N  I  F  C  C  O  J  E
R  F  B  N  P  C  T  M  E  U  E  E  L  K  C  T
Y  J  E  I  C  W  S  Q  L  P  R  R  B  H  Y  E
O  O  O  A  A  K  Y  E  Y  T  Y  B  S  Y  P  G
X  M  B  H  L  A  N  S  H  G  W  A  E  D  K  T
W  S  I  T  O  I  F  Z  A  C  A  N  T  U  U  Y
P  G  E  T  R  Y  H  V  R  U  A  J  R  D  F  L
R  E  A  U  I  K  J  S  C  A  O  I  E  E  I  I
A  L  E  R  G  E  D  D  W  I  D  H  U  I  T  N
A  R  C  H  W  A  E  T  H  L  A  F  L  E  A  O
K  B  H  U  F  P  X  Z  B  Y  E  E  I  T  M  V
X  V  F  Y  D  B  Z  B  U  W  V  E  A  M  I  D
A  H  L  U  F  A  S  C  C  H  A  Y  D  T  N  U
```

ALERGEDD	HYLENDID
ANATOMEG	YSBYTY
ARCHWAETH	HWYLIAU
CALORI	HAINT
CORFF	TYLINO
DEIET	PWYSAU
TREULIAD	ADFER
CLEFYD	GWAED
YNNI	IACH
GENETEG	FITAMIN

71 - Geografia

```
C G K C B A B C Y F A N D I R G
G Q Q U F B Y A G I A T Z H W
P O C L G O I N D H X Y B Q S L
U H G B V N O R Q B I E Z S L A
N M B L A K I H Z C E Y N R M D
D Y O N E D W W V H G F C G L V
M Y T W U D H T E A G O I R I T
E U L M A P D H D L M E U C Y R
R C L I L U F E E M L X J M N H
I H E C Q I P M I Z Y R E Ô Y A
D D D Y N Y M I C B J Y O R S N
I E R H N V A S D I N A S G H B
A R E Y A M R F C E F N F O R A
N W D Q I T J F X A H W Q M T R
A T L A S D M E B S D R G G E T
U K N O Y K T R T S I R R N L H
```

UCHDER	MYNYDD
ATLAS	BYD
DINAS	GOGLEDD
CYFANDIR	CEFNFOR
HEMISFFER	GORLLEWIN
YNYS	GWLAD
LLEDRED	RHANBARTH
MAP	AFON
MÔR	DE
MERIDIAN	TIRIOGAETH

72 - Antártica

```
E G R K S H U Z D P G M U V P D
R O R Ŵ N K U Y E I E U J A E A
Q G W Y D D O N O L F D M A N E
E O Y B E J B C Y U F O T G G A
R I D N A F Y C U H A O V O W R
R G D B Y T T N H T R U D Â I Y
H I E A Y S I Z O I G N D C N D
E E H E T U O B B A O V E U I D
W R C U K A S E E D P I R P A I
L C L K X L Z E D Y O E E O I A
I P Y M W Y N A U D T V H K D E
F J G C A D W R A E T H M A Z T
O M M P N Y S R Y R Z R Y V B H
E U A F L B Y N F W D Q T Q O R
D P K G B T M O R F I L O D B X
D D Y L I W H C M Y M W E K H K
```

AMGYLCHEDD	DAEARYDDIAETH
DŴR	YNYSOEDD
BAE	YMCHWILYDD
MORFILOD	MUDO
GWYDDONOL	MWYNAU
CADWRAETH	PENRHYN
CYFANDIR	PENGWINIAID
DAITH	CREIGIOG
RHEWLIFOEDD	TYMHEREDD
IÂ	TOPOGRAFFEG

73 - Fazenda #1

```
L  J  I  C  G  W  E  N  Y  N  Y  H  C  O  M  R
Ê  L  S  N  E  F  F  Â  N  U  D  M  M  R  S  E
M  W  O  W  L  F  Z  R  I  R  K  P  A  X  G  I
W  Y  P  U  C  Y  F  F  T  I  Â  Z  E  S  F  S
W  Y  P  N  Q  S  N  Y  S  A  K  I  S  D  H  M
D  D  I  A  D  E  L  L  L  W  V  C  W  W  T  W
J  H  T  I  A  T  R  W  G  G  K  F  I  Y  A  J
Q  S  I  C  L  Z  Q  C  D  J  K  P  L  P  C  L
O  Z  R  Z  D  A  V  D  L  N  F  A  M  T  K  V
G  A  F  R  Ŵ  B  U  W  C  H  G  M  X  W  S  C
Y  U  J  E  R  E  U  A  R  K  M  I  K  Q  F  Y
E  Z  N  U  Q  C  T  X  H  Z  B  Z  M  D  Y  W
O  E  A  G  W  W  K  I  S  E  I  B  W  I  N  S
R  F  J  U  T  C  F  V  A  Q  O  T  S  O  B  V
C  L  C  Q  F  M  D  W  E  C  H  O  S  L  B  E
R  S  N  Z  Y  X  K  T  M  A  Q  R  S  O  Q  O
```

GWENYN	FRÂN
REIS	GWAIR
DŴR	GWRTAITH
LLO	CYW IÂR
ASYN	CATH
GAFR	MÊL
MAES	MOCHYN
CEFFYL	DDIADELL
CI	TIR
FFENS	BUWCH

74 - Livros

```
A X P G I S A R T Y G R Y E D C
I W R U G R T A T U S F N M E A
C I D D O S D D U B D Q P X P S
W Y Y U M U Y O X N I A M C I G
I L D P R W D D O R D A L P G L
H S D D K H T E A I L O U E D I
A Y R Q E A F I N Y O I M M N A
N N E T D S V G T V S I J S U D
E B C Q P O T R U O A L C Q W Q
S E R F Y C L U R O N T B E V L
Y R J G Y E K G N O H N O F E L
D D Y N E L L R A D T R I M M G
D H T E A I N O D D R A B F S E
O S T O R I U W P E E V J O J D
L L P T M T H Z V O P N L U S P
L L E N Y D D O L X O N S D V R
```

AWDUR
ANTUR
CASGLIAD
CYD-DESTUN
DEUOLIAETH
EPIG
STORI
HANESYDDOL
BUDDSODDI
DARLLENYDD

LLENYDDOL
ADRODDWR
TUDALEN
CERDD
BARDDONIAETH
PERTHNASOL
NOFEL
CYFRES
TRASIG

75 - Chocolate

```
R M H Y B R Y S Á I T D X J C M
H O F F L E M A R A C Z W M Y Y
U O F M A P F V J L G W Z Q N G
C J K O S Y L E M I U T F O H W
R D W O P F M S S A W L N W R E
E Z F C X H Y F I V Ï N G E Y T
F Q C I E A C H W E R W C B S H
F R U A Y C N A U C O C O L I O
T V A Y C B M X K E L D T A O C
W T S O D A I S V K A M H S N S
Y B S I D S O P O M G I L U J I
R L Y E W L J E L W N P T S B D
D Y F L A G I T O S G E Q X C I
S Z Y I S O R A B A M A G A F O
K N W J N R Y P A R W H E B R L
P Q J D A A Q Z J K W B M C R T
```

SIWGR   BLASUS
CHWERW   MELYS
GWRTHOCSIDIOL   EGSOTIG
AROGL   HOFF
CREFFTWYR   BLAS
CACAO   CYNHWYSION
GALORÏAU   POWDR
CARAMEL   ANSAWDD
CNAU COCO   RYSÁIT

76 - Governo

```
A R D A L A C L O S B R V E C U
M E D H E N E B H I A H B Z Y F
A R A I T H I W U F R Y E Z F W
I H I S Y M B O L I N D D J R D
P E D S P C X T W L W D L Q A S
C D D I J H V C Z A R I O Z I D
C D O P E J W Y S F O D D M T K
E Y S R O O D F D M L C D Z H D
N C N H T E A I D D Y S A N I D
E H A P H T E A D O F A R T K Y
D L F Q V K X W G X I N D W G N
L O Y S I E D N G P L X Y L O I
G N C I Z Z K D S E G I C N L E
R R E L O H T E A L D E N E C W
H T E A I T A R C O M E D C Z R
W L A D W R I A E T H C K W W A
```

DINASYDDIAETH
SIFIL
CYFANSODDIAD
DEMOCRATIAETH
ARAITH
TRAFODAETH
ARDAL
WLADWRIAETH
CYDRADDOLDEB
BARNWROL

CYFIAWNDER
CYFRAITH
RHYDDID
ARWEINYDD
HENEB
CENEDLAETHOL
CENEDL
HEDDYCHLON
SYMBOL

77 - Jardinagem

```
K  L  U  U  X  C  I  Q  E  Q  X  N  B  B  M  E
L  L  R  M  R  Q  Y  E  U  K  E  V  L  W  W  C
W  E  U  L  O  G  E  N  A  T  O  B  O  Y  W  D
J  I  V  O  S  L  T  V  H  B  L  Z  D  T  S  B
H  T  S  R  Ŵ  D  K  I  D  W  O  Y  A  F  E
B  H  N  O  E  Y  W  Z  D  A  Y  X  N  D  Z  R
A  D  Q  H  T  G  K  N  I  K  I  S  F  W  E  L
W  E  B  M  F  P  S  Q  R  K  X  L  Y  Y  U  L
H  R  R  Y  W  J  L  O  P  M  E  L  D  D  A  A
I  Y  K  T  A  V  V  J  T  S  J  E  L  H  D  N
N  G  S  E  W  U  R  D  S  I  K  B  K  X  A  N
S  O  N  E  A  T  H  Y  C  P  G  I  Z  M  H  K
A  M  M  J  Z  U  A  D  O  L  B  P  K  N  V  T
W  H  R  D  T  S  O  P  M  O  C  P  Y  Q  Q  O
D  Q  F  W  N  W  H  C  Q  T  U  J  B  P  V  L
D  R  H  Y  W  O  G  A  E  T  H  A  U  P  R  C
```

DŴR   DAIL
BOTANEGOL   PIBELL
TUSW   BERLLAN
HINSAWDD   CYNHWYSYDD
BWYTADWY   TYMHOROL
COMPOST   HADAU
RHYWOGAETHAU   PRIDD
EGSOTIG   BAW
BLODYN   LLEITHDER
BLODAU

78 - Profissões #2

```
B  I  O  L  E  G  Y  D  D  L  S  U  D  A  E  F
G  F  P  M  E  U  J  D  D  G  E  L  G  T  R  F
A  F  E  G  X  Y  Z  Y  Y  Y  L  F  Q  H  W  O
R  E  Q  L  K  G  J  N  T  D  H  I  R  R  R  T
D  R  N  E  J  Q  B  U  N  D  R  T  W  O  U  O
D  M  V  E  A  T  O  L  I  E  P  C  I  O  D  G
W  W  C  E  N  H  Z  R  E  F  M  E  S  E  A  R
R  R  H  C  V  O  E  A  D  W  R  T  I  W  I  A
M  E  D  D  Y  G  W  D  Z  A  J  I  E  Q  D  F
A  T  H  R  O  N  Y  D  D  L  J  D  F  H  D  F
F  V  M  U  Y  L  U  N  D  L  X  U  Y  E  Y  Y
Y  M  C  H  W  I  L  Y  D  D  D  B  D  Y  W  D
L  L  Y  F  R  G  E  L  L  Y  D  D  F  B  E  D
P  E  I  N  T  I  W  R  W  D  O  F  O  G  N  B
B  M  R  F  Z  K  D  Q  S  W  K  X  X  C  E  K
P  E  I  R  I  A  N  N  Y  D  D  P  O  Z  C  H
```

FFERMWR	DARLUNYDD
GOFODWR	DYFEISIWR
LLYFRGELLYDD	YMCHWILYDD
BIOLEGYDD	GARDDWR
LLAWFEDDYG	NEWYDDIADURWR
DEINTYDD	IEITHYDD
DITECTIF	MEDDYG
PEIRIANNYDD	PEILOT
ATHRONYDD	PEINTIWR
FFOTOGRAFFYDD	ATHRO

79 - Café

```
C P G M Q W T R E P P U Z Q O G
F H T E A I W Y R M A C U D B D
J A W B G A M Z L B M D V X X E
I B G E J V V O K H H T J P I D
H W Z G R V O X Q B Q Q N S N I
Z U H A V W Z K J L P F Y Q D O
H D F S F Q W N H D P F H D G D
T G D E R O B V A R N Y S A P
D N V A N A R H I D L O L W R X
A P S S I N H G C D U Y I T O V
I B G I E D A O W J Z B F K G U
D Ŵ R G F P D I P I I V M P L U
D M X U F Y U S A T S O H R M T
R O X S A L B X N Y I J A G A M
A A C G C C V W R C R T H O L N
T L L A E T H W M W P S E P U F
```

SIWGR
CHWERW
AROGL
RHOST
DŴR
DIOD
CAFFEIN
CWPAN
HUFEN
HIDLO

LLAETH
HYLIF
BORE
MALU
TARDDIAD
PRIS
DU
BLAS
AMRYWIAETH

80 - Negócios

```
U D T L Y F D A X C A C Q S B D
G J M Z T N U Z I Y Y Y O W U J
C O S T G Y E S W L E F M Y D Q
G Y R F A R Z L M L R L U D D R
S D S I O P F P W I D O Y D S X
W B W C A D K J C D L G Q F O K
K T N A L G C Z N Y P W G A D G
A R I A N V K J I B F R E R D A
C F U H X W K N B U N L M T I Z
W N F Z T N W O G S I D O X A W
M W O A B E D I L L Y C N G D J
N Y K I T F R L Y N E J O M A A
I D Y O Q R E T K T P Z C E A I
W D S J H E I U V E C E E N K W
I A I P D D K R H E O L W R U M
Z U H T R E W G F N A W Q F R Q
```

GYRFA
COST
DISGOWNT
ARIAN
ECONOMEG
CYFLOGAI
CYFLOGWR
CWMNI
SWYDDFA
FFATRI

CYLLID
RHEOLWR
TRETHI
BUDDSODDIAD
SIOP
ELW
NWYDDAU
CYLLIDEB
INCWM
GWERTHU

81 - Fazenda #2

```
B F J L X O Q V Y G R Q E O Z A
U F Z K P J I P L W H Y X F J N
G R O B U G S Y K E M C C I K I
A W A E D D F E D N Q D O H Q F
I Y N L U T T C R I N G G R X E
L T C U A L R R L T Q A Y W N I
O H H D D I A H A H W E W M K L
C I G O E N B M U C J Q A R M I
D E F A I D E A A L T V Q E L A
L I R L E B R N D Y X O H F S I
L G E D N A L Ô D G D U R F Y D
A N G B M Y L P Y D Y F R H A U
E A P N E D A Y W H W E B F X P
T I I G G P N M G L L Y S I A U
H B R S X P W Q U T G M Z K U I
Y S B G S C Z S B L X H S T C H
```

FFERMWR

AEDDFED

ANIFEILIAID

CORN

YSGUBOR

DEFAID

HAIDD

BUGAIL

CIG OEN

HWYADEN

FFRWYTH

BERLLAN

GWYDDAU

DÔL

DYFRHAU

TRACTOR

LLAETH

GWENITH

LAMA

LLYSIAU

82 - Jardim

```
U B L D Q S T D Y B D Z V F H Q
Y K L G I J H T E L I N V F A E
S I W A H R A E P W S C N E M D
S J Y R H B O R D I A E Z N M Q
H N N E S P V A L K G O O S O V
O Y Î J A V Q S A Y H A J N C B
S W G L A S W E L L T M R S K L
X H R O O R H A C A Y A M D O O
L C S H K P Z H G P T I K E D D
G A Y R A H M P X N O N E O D Y
Z Y W M R E H A N B F C Z C I N
J O D N L Q C L R Q W L A A R N
S Y Q N T S T O G T N G R U P A
C Y N T E D D W I N W Y D D K Z
Q P F A T H V D E X L P A W U H
P W L L K O Q P I B E L L I J R
```

RHACA
LLWYN
COED
MAINC
FFENS
CHWYN
BLODYN
GAREJ
GLASWELLT
LAWNT

GARDD
PWLL
HAMMOCK
PIBELL
RHAW
PRIDD
TERAS
TRAMPOLÎN
CYNTEDD
WINWYDD

83 - Oceano

```
H U P Z P J D O W Y S Y L L Y F
H A L E N G O S B C S P N B H M
Z N H U Z W L I F R O M O D T B
I N A W J Y F W O A Z L D H U E
F O Q B P M F F K I D Q D C D R
V T Y X P O I X O S B T I R C D
W P C U O N N A B W R C I A W Y
S W P O T C O N A V N W N N C S
H T L E T I Q J V M Z E K C H X
W P O U S B D M A A D M J B P G
Y J Y R Ô M D O R F E L G S O I
S L U S M H A L T E F D E N A U
T W B B G O E L U U Q W Q R N K
R Z L Y X O D A P F D L E J W A
Y K W S K N D N N M Q Y O Z I C
S H C F K Q I W I A X K A M T I
```

GWYMON	LLANW
TIWNA	SGLEFROD MÔR
MORFIL	TONNAU
CWCH	WYSTRYS
BERDYS	PYSGOD
CRANC	OCTOPWS
CWREL	HALEN
LLYSYWOD	CRWBAN
NODDI	STORM
DOLFFIN	SIARC

84 - Profissões #1

```
P O N J G Y E A C P U V A M C Q
L J R W I H T I E R F Y C G A K
Y X F D L U Y H R O E X K I R R
M K H D I V R W D D Y R E S T W
W H H Y N F C Q D D Y G Y L O G
R M N M M Y F H O M Q P H F G E
W Q E E V T R O R O A Y W Q R R
K L H G L S V S D X H F Z Y A A
D A W N S I W R D D Y N A I P E
C N Q W W T V Y Y S W U G N H A
K H N U R R M O R W R R P J E D
L N Q J Y A S W U Y W N T O R V
G W Y D D O N Y D D W V K Â D P
S E I C O L E G Y D D L Z A N B
W V R B A N C I W R X G E C B A
F V X L L Y S G E N N A D H S F
```

CYFREITHIWR
ARTIST
SERYDDWR
BANCIWR
DIFFODDWR TÂN
HELWYR
CARTOGRAPHER
GWYDDONYDD
DAWNSIWR
GOLYGYDD

LLYSGENNAD
PLYMWR
NYRS
DAEAREGWR
GEMYDD
MORWR
CERDDOR
PIANYDD
SEICOLEGYDD

85 - Força e Gravidade

```
E  N  F  Z  P  A  N  G  O  A  M  S  E  R  U  C
S  I  Z  P  Z  F  F  R  I  T  H  I  A  N  T  Y
V  Q  D  K  G  C  D  A  F  F  O  R  B  I  T  F
O  U  A  D  E  N  A  L  P  Y  N  E  Z  C  N  F
I  N  H  Q  O  I  R  R  F  I  P  D  G  X  I  R
C  Y  N  N  I  G  G  R  K  E  W  M  X  X  A  E
E  K  P  Z  M  E  A  G  Y  H  Y  Y  P  H  M  D
F  F  X  L  A  C  N  X  D  A  S  L  N  I  H  I
F  Z  I  R  G  H  F  Q  B  N  A  F  O  M  S  N
A  M  C  G  N  E  Y  X  A  G  U  Y  N  N  I  O
I  E  Q  I  E  L  D  Z  V  U  F  C  I  O  A  L
T  C  Y  M  T  S  D  P  X  P  Y  H  H  A  U  C
H  A  X  A  E  B  I  Z  Q  N  L  Z  W  O  V  W
W  N  D  N  G  C  A  F  A  I  B  Q  F  Y  U  K
J  E  O  Y  O  A  D  L  F  P  E  L  L  T  E  R
S  G  A  D  B  W  F  M  Z  F  P  K  L  G  P  K
```

FFRITHIANT	MAINT
CANOL	MECANEG
DARGANFYDDIAD	CYNNIG
DYNAMIG	ORBIT
PELLTER	PLANEDAU
ECHEL	PWYSAU
EHANGU	EIDDO
FFISEG	CYFLYMDER
EFFAITH	AMSER
MAGNETEG	CYFFREDINOL

86 - Abelhas

```
A M R Y W I A E T H G P V G T C
A Q D J S E N I H N E R B S S R
D U T W J F C R D B N Y D O L B
E I S Y L O F W A L C F D P Ê J
N D T Y Z Z W R X S E R A M S
Y Y Z S U J G G W R M D A I Z U
D M K I H Q L D J Y E I G L I W
D Q F D A B B G J G T A B L Z Y
D M S P U M K Y Y M S H C W C L
S L P N L Z U B M B Y W W X Y G
G X G O H D P J R E S F R V N M
L R F Z M U U L I N O M I Q E Y
T C G K S M M D J C C H W T F W
P L A N H I G I O N E X F G I W
D T S B L O D A U V E R A T N I
B U D D I O L F A Y U O Y M Y J
```

ADENYDD
BUDDIOL
CWYR
CWCH
AMRYWIAETH
ECOSYSTEM
HAID
BLODYN
BLODAU
FFRWYTH

MWG
CYNEFIN
PRYFED
GARDD
MÊL
PLANHIGION
PAILL
BRENHINES
HAUL

87 - Ciência

```
Y  S  H  F  S  Q  W  B  W  J  V  Z  L  I  N  D
G  Y  D  F  P  L  A  N  H  I  G  I  O  N  E  I
H  A  A  O  L  Y  D  E  G  A  M  X  Z  H  A  S
T  T  I  S  F  S  L  A  D  H  K  C  N  S  T  G
E  O  G  I  D  K  L  T  E  U  K  M  U  T  W  Y
A  M  Y  L  O  P  U  A  N  N  Y  N  O  R  G  R
I  R  L  G  W  Y  D  D  O  N  Y  D  D  U  E  C
N  S  B  A  O  B  P  H  L  M  D  D  F  T  S  H
A  Y  S  R  B  R  I  P  M  X  K  W  F  A  I  I
C  C  E  M  A  O  G  M  N  L  B  A  A  N  F  A
M  U  O  G  O  W  R  A  H  O  B  S  I  F  F  N
A  R  B  A  C  O  F  D  N  G  S  N  T  B  R  T
D  M  W  Y  N  A  U  C  Y  E  K  I  H  X  O  I
D  Q  D  I  H  H  C  Q  W  M  B  H  A  E  S  V
Z  Y  C  V  P  P  M  O  L  E  C  I  W  L  A  U
M  Z  N  T  B  W  J  C  D  C  Q  F  S  N  P  X
```

ATOM
GWYDDONYDD
HINSAWDD
DATA
ESBLYGIAD
ARBRAWF
FFAITH
FFISEG
FFOSIL
DISGYRCHIANT

DDAMCANIAETH
LABORDY
DULL
MWYNAU
MOLECIWLAU
NATUR
ORGANEB
GRONYNNAU
PLANHIGION
CEMEGOL

88 - Comida #1

```
B R I C Y L L D O V D L Q G M J
H G H L W W V H I S G I W I O Y
P W N O M A N I S U Y U L D R Y
J I V C X C J Y U D I Z D R O Z
W S Y M V Q Y O F D I J Q A N Z
J K Q Z O Y H S E J P W M G G J
G L Y D G Z T Y M H I W K K W W
O U L Z G G E L L R A G Z D Y U
N G F Z E L A G I E M L L M Y H
Y W S N Z S L O S G M N E C A C
D E V B S E L G A K N O I N U Q
E S A C J I H I B S U Y N A G J
L A F C M L N B N G A N W I T R
V C F V U H L S X R J L O T G E
C N A U D A E A R D D I A H H G
M W H L V Y Z L F E F C A D J C
```

SIWGR	SBIGOGLYS
GARLLEG	LLAETH
CNAU DAEAR	LEMON
TIWNA	BASIL
CACEN	MEFUS
SINAMON	MAIP
UNION	HALEN
MORON	SALAD
HAIDD	CAWL
BRICYLL	SUDD

89 - Geometria

```
Q Q Q H C L Y C X K V U G F D H
W Y N E B J L G N O I C D E I A
B O G O R H C O F Y C H P R M F
R O R E O W P Z R G A D E T E A
U F K B W Y W K U W B E V I N L
C Y M E S U R E D D E R K G S I
C Y F R A N X C D C V D E O I A
M À S L Y D I A M E D R D L W D
F S C X L T O H T D R I K O N B
M O E A H R I R K B A K T E L Z
D X L G N O I R T L U S H U B K
U N I L M O R G E M Y S E H R K
F Q I O W E L K H B U L O J H D
T A G D P H N R O T O B R M K K
B F V O Y V T T I O E L I I C A
G M M R N G D A I F I R F Y C I
```

UCHDER
ONGL
CYFRIFIAD
CYLCH
GROMLIN
DIAMEDR
DIMENSIWN
HAFALIAD
LLORWEDDOL
RHESYMEG

MÀS
CANOLRIF
CYFOCHROG
CYFRAN
SEGMENT
CYMESUREDD
WYNEB
THEORI
TRIONGL
FERTIGOL

90 - Pássaros

```
A O H Q S T E U T U R Y E T E U
H W Y A D E N R C J E T D X S C
Q G U E D Q O E Y D R S Q U T R
U K A C Y V H V Y R C L S M R Ë
J D H S Ŵ X K W O I N O D I Y Y
H W I V G O E A J P A R O T S R
H C Q P A D E R Y N C C N G O G
H C R A L A D S G Z W K N W P C
H J D U S N W T C C T Y E Y E Y
C O G N I M A L F F P M M L L W
Y I P E N G W I N R I C O A I I
Z P C F R Â N G Y K H R L N C Â
D A M O I G I K J G Q Z O T A R
L H D Q N F V Z M H S P C M N Z
S D M U S I N E N J U E X C W W
U F P B L E A O A N J L Y J P E
```

ESTRYS	CRËYR
ERYR	WY
CICONIA	PAROT
ALARCH	ADERYN
FRÂN	HWYADEN
GOG	PAUN
FFLAMINGO	PELICAN
CYW IÂR	PENGWIN
GWYLAN	COLOMENNOD
GŴYDD	TWCAN

91 - Literatura

```
C L H N P T H E M A Q G X N P E
D H Q B M H T Y H R L Q L G M S
E D W E K N E D R Y C H I N E B
I I X E X O A P R U S C P C W G
A S R G D A I D D O S N A D A D
L G D S C L R Q D P D B G Y C B
O R X A O R A D M I F N I X A Y
G I A N D Y H F F U G L E N S W
Z F B D L V M C N L L L I V G G
N I B A R P Y T O B E U N W L R
F A Q I R O C T F R A D W X I A
R D J S G N D R E G W D V U A F
J Y J O L Y Z D L D D R E C D F
Y C D R K A H B W S U A O E E I
F A K T E G X V F R R F F O E A
C Y F A T E B I A E T H L I Y D
```

CYFATEBIAETH
DADANSODDIAD
CHWEDL
AWDUR
BYWGRAFFIAD
CYMHARIAETH
CASGLIAD
DISGRIFIAD
DEIALOG
ARDDULL

FFUGLEN
TROSIAD
ADRODDWR
BARN
CERDD
ODL
RHYTHM
NOFEL
THEMA
DRYCHINEB

92 - Química

```
X K P C E U O N S E X I J O E A
C O Q B J C D C T A I S H B L T
E L E C T R O N S F N M S N F Y
E J W N I R O L C I Z G R I E M
P M H C O Y R J X L G T S W N H
A N Z A N B H E U Y U E N C E
M O N T H A L E N H F E N L A R
D D I A Ï L A C L A J X E E U E
G X B L W I C E L O M P G A A D
O X B Y W N A C U H V R O R M D
M R T D M Y S W A Q I F R X K D
R M G D Y R L L S R D N D T Y D
F A E A S E L I Y Y B J Y O F H
A S I D N X E W W L E O H D U Q
V D V T E I C L P H Z S N R J F
X K T Z Z D G G W R E S R U N P
```

ALCALÏAIDD
ASID
GWRES
CARBON
CATALYDD
CLORIN
ELFENNAU
ELECTRON
ENSYM
NWY

HYDROGEN
ION
HYLIF
MOLECIWL
NIWCLEAR
ORGANIG
OCSIGEN
PWYSAU
HALEN
TYMHEREDD

93 - Clima

```
E  B  W  P  L  O  S  Q  U  M  L  D  R  P  Q  P
N  F  C  A  W  Y  R  T  L  L  E  M  B  R  K  O
F  B  T  F  M  O  R  U  O  H  W  S  F  R  O  L
Y  G  A  I  W  D  T  M  E  R  A  H  C  K  L  A
S  A  Y  E  C  D  O  L  R  Y  M  Z  K  D  S  R
T  Y  M  H  E  R  E  D  D  B  Q  L  J  O  D  T
N  K  S  C  I  C  C  U  A  N  A  R  A  T  J  C
Y  E  I  Y  S  U  G  O  S  N  Ŵ  S  N  O  M  F
W  X  V  S  D  Z  T  F  R  Z  R  I  J  Z  U  L
G  S  N  S  M  D  J  R  K  W  Q  O  G  N  M  R
B  C  U  Y  A  D  J  Q  J  C  Y  B  T  F  B  C
C  P  H  C  L  Y  G  R  Y  W  A  N  E  S  W  Z
Y  M  G  H  H  I  N  S  A  W  D  D  T  F  X  U
I  Â  Q  D  L  D  T  F  M  H  C  G  T  P  V  O
Q  V  I  E  N  I  W  L  O  N  N  A  F  O  R  T
P  V  U  R  E  Q  K  Y  F  Q  L  Z  O  E  B  P
```

ENFYS	POLAR
AWYRGYLCH	MELLT
AWEL	SYCHDER
AWYR	SYCH
HINSAWDD	TYMHEREDD
CORWYNT	STORM
IÂ	TORNADO
MONSŴN	TROFANNOL
NIWL	TARANAU
CWMWL	GWYNT

94 - Arte

```
S H O N G I M A R E C N W P S H
D V T D W Y V C W N K U K N Y R
O Z W B R A B S H Y Y L S D M X
A M U V E J X B E M R F K F B H
F A U A I L Y W H E J R O P O T
N I P I D E H Z N V J E R V L E
S Z F X D A G U B Z W C P G I A
S W F Q I Y I Y S B R Y D O L I
W Y R C O H V T O L F P P Q G N
A N M E L O T D N W A K E F W O
X X F L A D D B M E N S R F E D
V U V N G L T S O I A C S I L D
L V C R E U A A X L A P O G E R
Q F T N A I G E N Y M S N U D A
C Y M H L E T H T S E N O R O B
P O R T R E A D U H J F L U L G
```

CERAMIG
CYMHLETH
CREU
CERFLUN
MYNEGIANT
FFIGUR
ONEST
HWYLIAU
YSBRYDOLI
GWREIDDIOL

PERSONOL
PAENTIADAU
BARDDONIAETH
PORTREADU
SYML
SYMBOL
PWNC
SWREALAETH
GWELEDOL

95 - Diplomacia

```
I  O  K  N  D  D  H  D  U  J  N  N  K  Z  X  O
U  P  H  K  Y  I  T  G  N  S  W  F  D  L  D  E
C  B  C  T  N  N  E  O  I  W  I  D  I  I  H  N
A  J  W  F  G  A  A  R  O  S  Y  R  T  A  D  K
L  T  L  A  A  S  D  A  N  N  E  G  S  Y  L  L
S  G  E  N  R  Y  O  D  D  W  A  N  A  J  K  I
C  C  G  B  O  D  F  H  E  C  E  X  I  D  J  E
X  G  O  B  L  D  A  T  B  Q  W  H  E  D  C  I
C  R  I  E  Q  I  R  R  O  M  A  R  T  R  C  T
B  Y  D  D  B  O  T  W  H  Q  W  X  L  E  O  H
M  O  M  N  Y  N  W  G  X  F  K  O  F  O  A  O
D  X  R  U  C  Y  F  R  E  I  T  H  I  O  L  E
Q  K  B  T  N  C  Y  F  I  A  W  N  D  E  R  D
Q  A  I  Y  G  E  S  E  O  M  J  P  K  B  Q  D
C  T  O  C  P  D  D  E  O  H  C  R  Y  G  M  Y
L  L  Y  W  O  D  R  A  E  T  H  L  N  N  P  N
```

YMGYRCHOEDD	DYNGAROL
DINASYDDION	UNIONDEB
DINESIG	CYFIAWNDER
CYMUNED	CYFREITHIOL
GWRTHDARO	IEITHOEDD
TRAFODAETH	DATRYS
LLYSGENNAD	DIOGELWCH
TRAMOR	ATEB
MOESEG	CYTUNDEB
LLYWODRAETH	

96 - Comida # 2

```
A  I  P  M  L  C  L  R  H  K  Q  T  H  N  O  H
R  G  Y  B  I  Y  X  A  C  G  L  C  U  T  J  U
T  R  S  B  J  W  M  N  F  M  D  L  R  N  X  K
I  Q  G  Q  Z  I  E  A  C  A  W  S  Q  A  V  F
S  H  O  W  X  Â  W  N  W  H  N  O  M  L  A  I
I  T  D  Q  W  R  E  A  F  S  Q  I  U  P  F  N
O  I  O  R  A  H  Z  B  T  M  T  R  W  G  O  I
G  N  R  M  S  I  O  C  L  E  D  I  D  G  C  L
R  E  I  S  A  B  Z  X  Q  L  H  E  Q  E  W  O
G  W  C  C  S  T  O  F  K  L  M  C  P  X  V  C
Z  G  O  O  A  A  O  M  F  P  T  N  C  R  P  O
D  R  E  D  V  N  C  K  B  D  B  I  E  A  U  R
O  W  S  C  N  Q  I  M  A  D  A  R  C  H  L  B
S  M  Y  E  R  F  W  F  Z  N  E  J  Y  G  T  N
D  R  B  I  M  N  I  W  N  W  A  R  G  E  Z  H
N  J  M  T  V  J  J  S  O  V  O  X  S  X  H  X
```

ARTISIOG	IOGWRT
ALMON	CIWI
REIS	AFAL
BANANA	WY
EGGPLANT	PYSGOD
BROCOLI	HAM
CEIRIOS	CAWS
SIOCLED	TOMATO
MADARCH	GWENITH
CYW IÂR	GRAWNWIN

97 - Universo

```
G R H B U K F B L L E D R E D W
T A H E Y Q F Z E S D D A I Y T
E U L T M Z M P O I E E S S K W
L Z Z A T I B R O D X D T E K W
E I E N E H S K M Y P Y E R A N
S B X L O T V F L D Z H R Y Y I
G L F N B E H H F D B Y O D Q S
O E Y H B A C X U E Q C I D H L
P S W S O I L L D A R Q D W Y L
H Y D R E D Y N T A W Y R R M E
K I A W G D G P E N J N A C X U
M A L A D Y R Z S F X C L O L A
M M E X I R Y G A D O N O S Q D
C W W J N E W T L A D L S M U B
S S G U X S A G O R W E L I T Q
R Z E G B E C Q D J N O P G E X
```

ASTEROID	GORWEL
SERYDDIAETH	LLEDRED
SERYDDWR	HYDRED
AWYRGYLCH	LLEUAD
NEFOL	ORBIT
AWYR	SOLAR
COSMIG	ATEB
CYHYDEDD	TELESGOP
GALAETH	GWELADWY
HEMISFFER	SIDYDD

98 - Jazz

```
C Y F A N S O D D W R D D B B N
M N D V C Y N G E R D D R C Y Q
H T E A I R O D D R E C Y I R O
T K T S I T R A G H H R M E F N
Y S X H D D G E N R E Q I N Y B
H E O L K O D P E B S P A W F C
R E T O B X K O H U X O U O Y D
P W Y S L A I S S A A W Z G R O
K U S Z L N J C Â N B F S O H W
H B R Q M W B L A N A W Q V Y Z
W M F X M V M G R Y M F P I G F
A R B A F R O D D R E C Y D P Q
P M X V M B N E D F S F H C A V
R Z T A L E N T U E N E W Y D D
F X Y U I J H F L F X Z E W N M
T E C H N E G G L F G B W T O Y
```

ARTIST	FFEFRYNNAU
ALBWM	GENRE
DRYMIAU	BYRFYFYR
CÂN	CERDDORIAETH
CYFANSODDIAD	NEWYDD
CYFANSODDWR	CERDDORFA
CYNGERDD	RHYTHM
ARDDULL	TALENT
PWYSLAIS	TECHNEG
ENWOG	HEN

99 - Barcos

```
Q J W X C F K J O G D D T O Y I
K V B U A O O Q A M N G L V X W
W V Z M N R K Q B O I L Y W H J
L E P Y Ŵ E T R I R O F N F E C
E L P M G Z K F M W O X J V O A
Y Q Y U A N N O T R I G K E N I
P Z W N A L L S S O O Y N M D A
E E I Y E F O K A L U U V A M C
I J R R B A O L Q E T Y L O Y J
R I C P S Y E N F F E R I Z K R
I C A Z B W Y D F G O W X Q J N
A F D Y P M J K A L Y R Y D M Q
N Z J V N H D H L B O G B G V
T I S G B M L O R U L M E R Y M
X E W C Y L H C F L Z Z C V X L
D Y C E B T N U M Ô R H W O I S
```

ANGOR	MÔR
FFERI	LLANW
PRYNU	MORWR
CAIAC	MWYAF
CANŴ	PEIRIANT
RHAFF	MORWROL
DOC	CEFNFOR
HWYLIO	TONNAU
LLU	AFON
LLYN	CRIW

100 - Mamíferos

```
M O R F I L B V B W Y A K G X W
C O Y O T E N L F A A F D O W F
X V O H T A C I A O A A E R T R
D R U X N Z L R F I L N F I B D
C Y J T A B H K F F D C A L Z U
O A R T F W B A A B L D I A B J
Q Q M O F V R W R A T O D P K U
H Y J E I I V E I F S O D C R H
M X S K L Q N L J E A R B E S B
W W U K E I A L F S E A T F M M
N E G N I N W C O E D G I F T D
C T V C W L P P Q Q M N Y Y S K
I E T O J Z P X P D O A W L X Z
L W O T J P H F N N N K P U J T
D C W V P D Y S G T Y L D U X D
L L W Y N O G Y H C A N E U N O
```

MORFIL
CAMEL
KANGAROO
AFANC
CEFFYL
CI
CWNINGEN
COYOTE
ELIFFANT
CATH

JIRAFF
DOLFFIN
GORILA
LLEW
BLAIDD
MWNCI
DEFAID
LLWYNOG
TARW
SEBRA

1 - Dirigindo

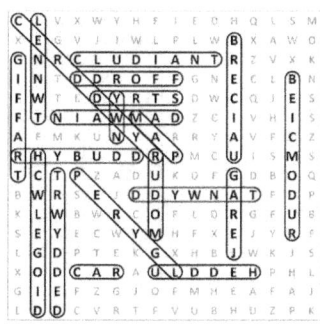

2 - Antiguidades

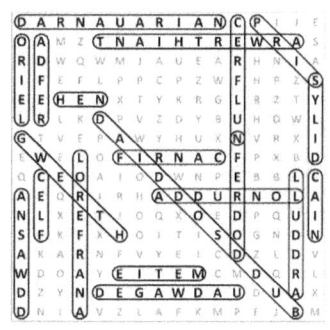

3 - Churrascos

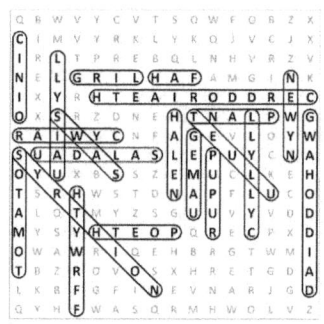

4 - Pesca

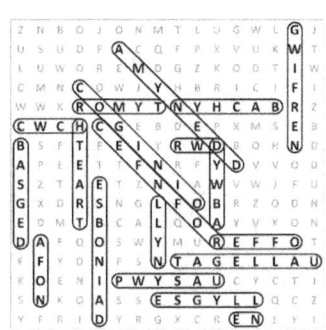

5 - Geologia

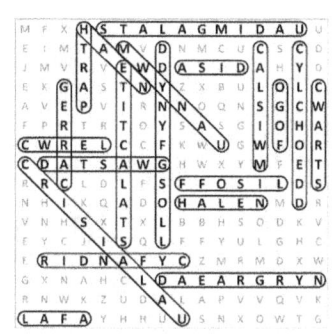

6 - Ética

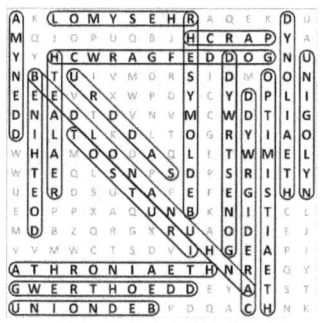

7 - Tempo

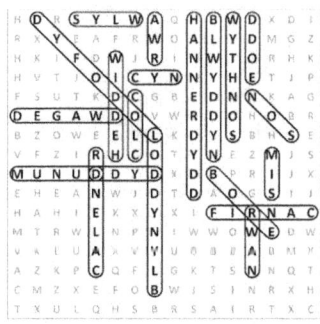

8 - Astronomia

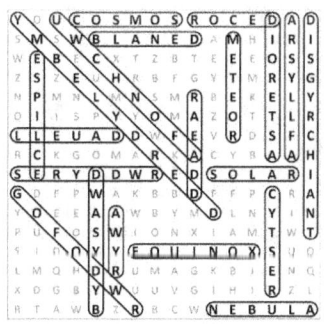

9 - Acampamento

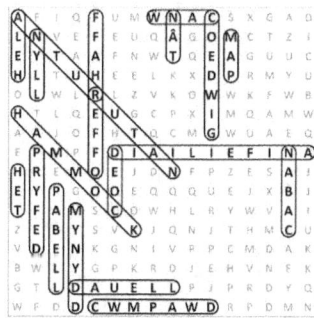

10 - Emoções

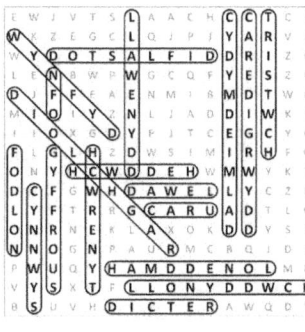

11 - Ficção Científica

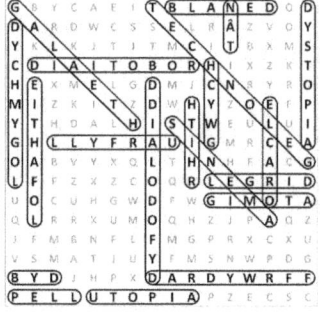

12 - Mitologia

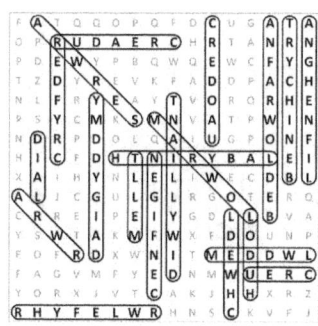

13 - Medições

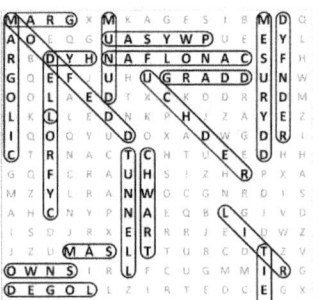

14 - Álgebra

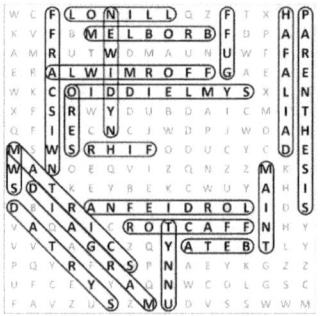

15 - Plantas

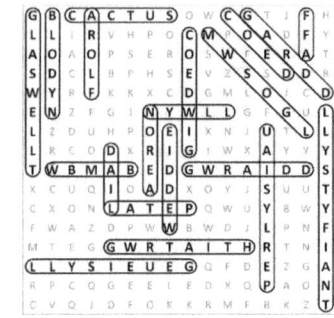

16 - Veículos

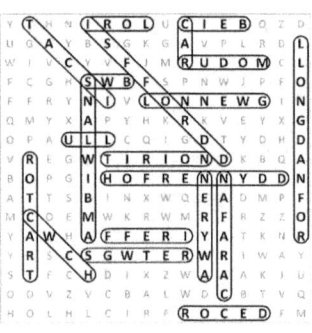

17 - Engenharia

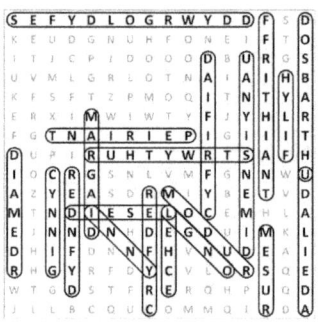

18 - Restaurante # 2

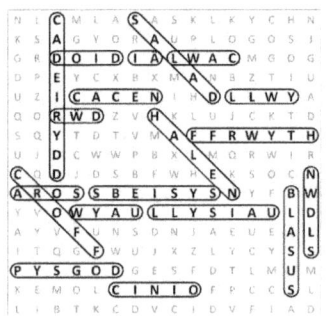

19 - Países #2

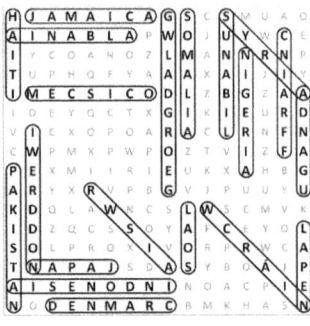

20 - Cozinha

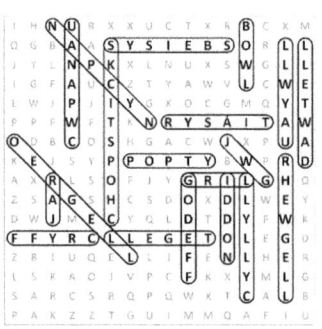

21 - Números

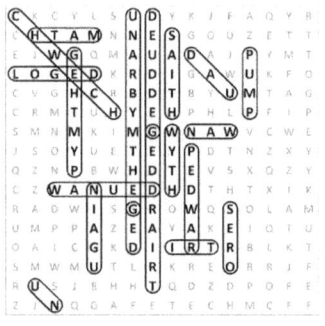

22 - Física

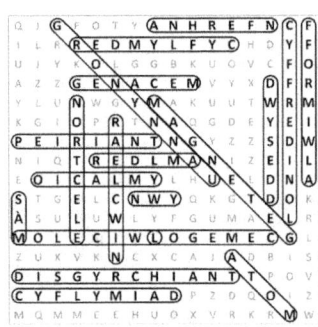

23 - Especiarias

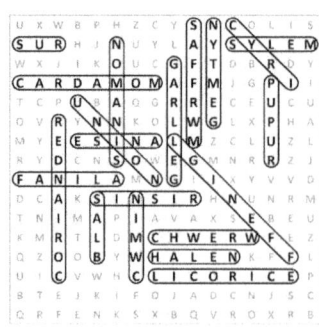

24 - Países #1

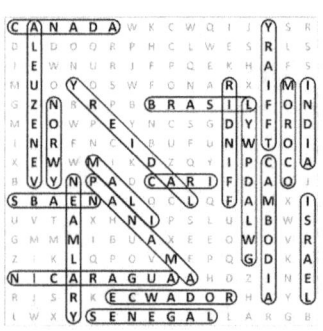

25 - A Mídia

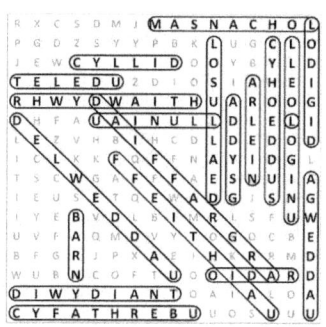

26 - Casa

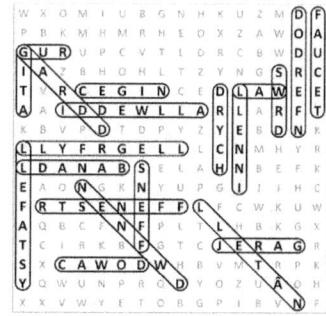

27 - Vegetais

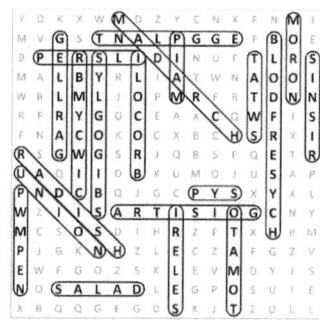

28 - Balé

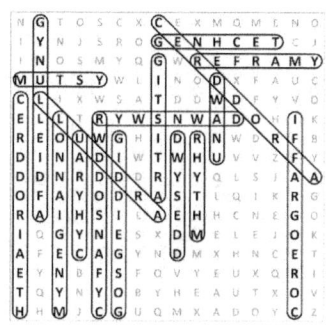

29 - Adjetivos #1

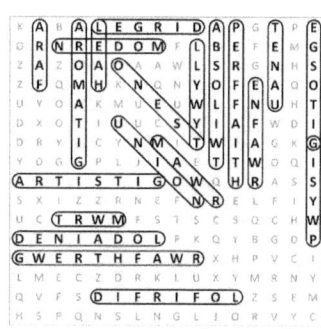

30 - Psicologia

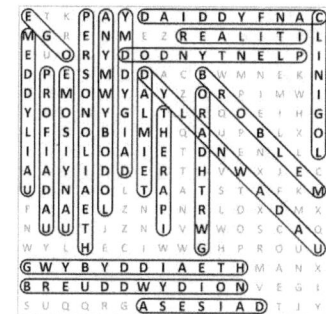

31 - Paisagens

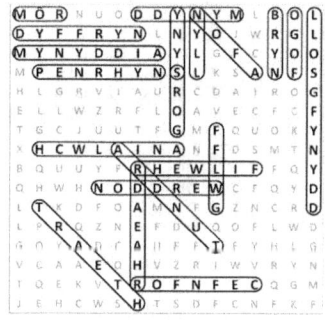

32 - Dança

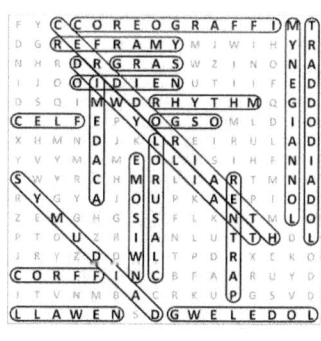

33 - Nutrição

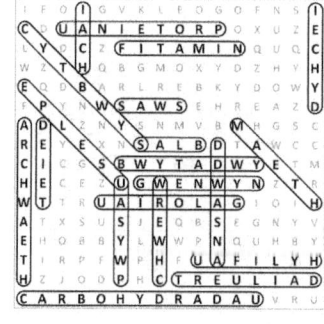

34 - Energia

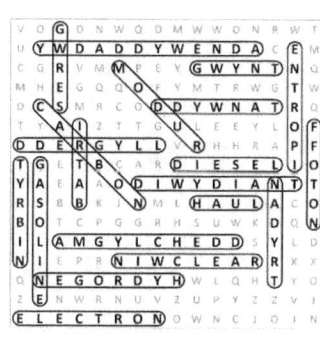

35 - Disciplinas Científicas

36 - Meditação

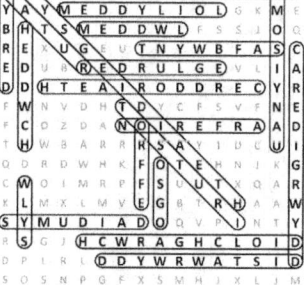

37 - Moda

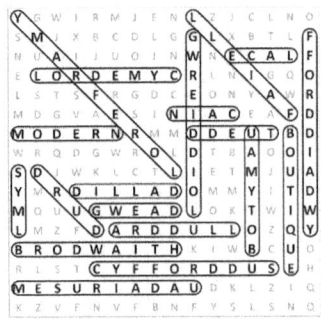

38 - Adjetivos #2

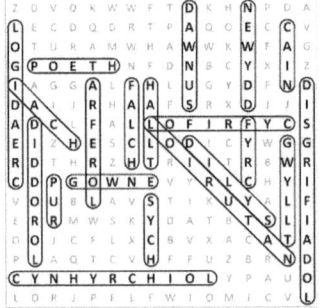

39 - Roupas

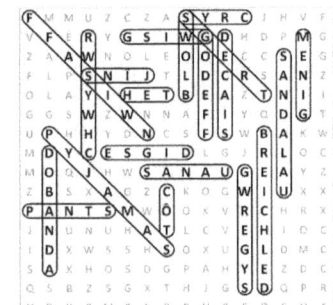

40 - Herbalismo

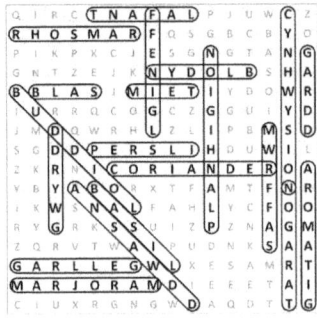

41 - Arqueologia

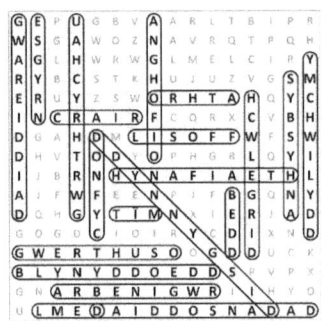

42 - Esporte

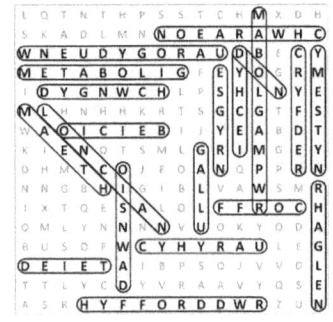

43 - Agronomia

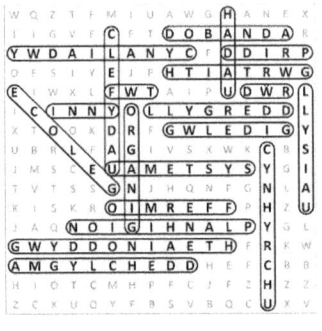

44 - Frutas

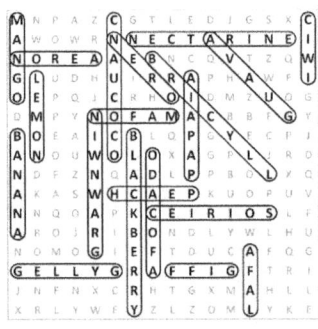

45 - Corpo Humano

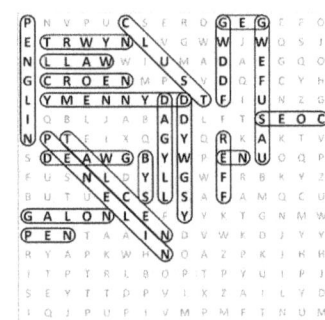

46 - Caminhada

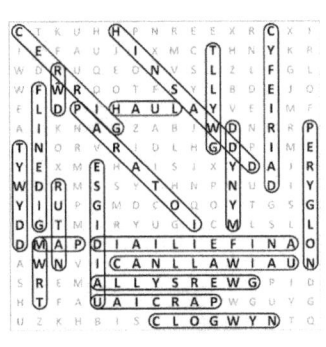

47 - Biologia

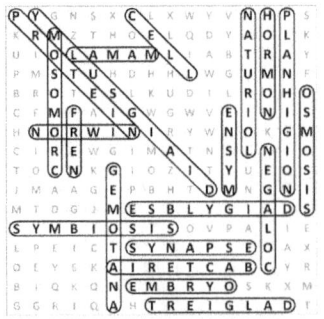

48 - Beleza

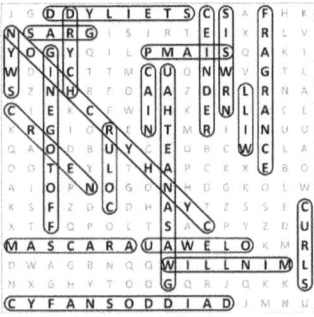

49 - Filantropia

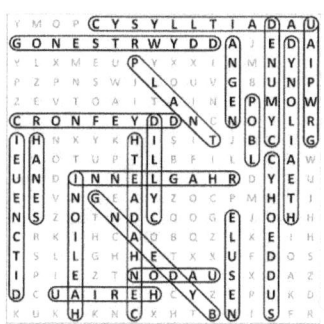

50 - Ecologia

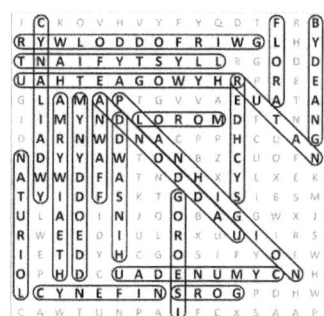

51 - Família

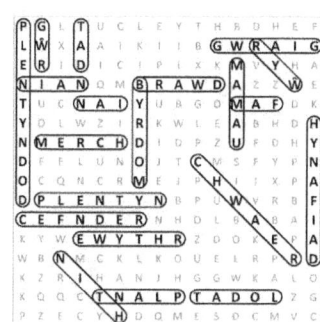

52 - Férias #2

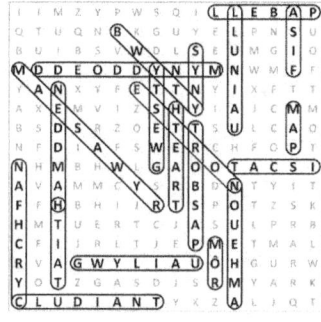

53 - Edifícios

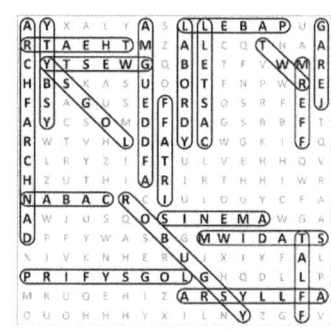

54 - Xadrez

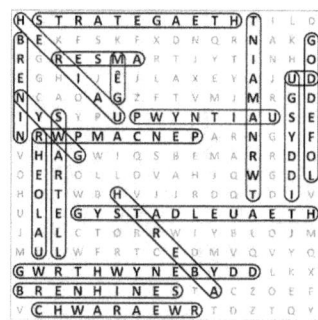

55 - Aventura

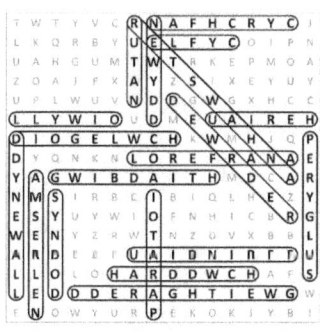

56 - Floresta Tropical

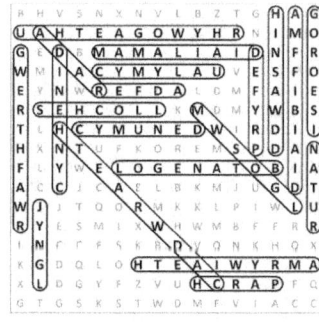

57 - Cidade

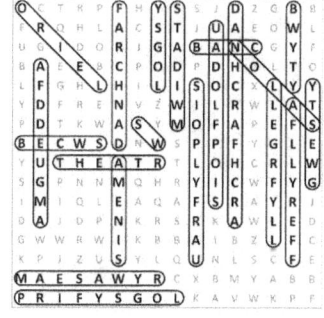

58 - Música

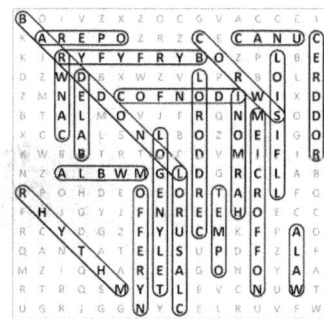

59 - Matemática

60 - Saúde e Bem Estar #1

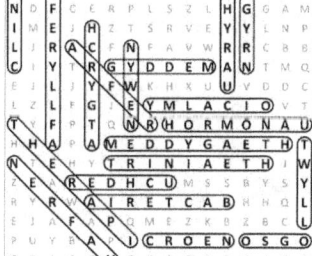

61 - Imigração

62 - Natureza

63 - A Empresa

64 - Doença

65 - Aquecimento Global

66 - Aviões

67 - Tipos de Cabelo

68 - Criatividade

69 - Dias e Meses

70 - Saúde e Bem Estar #2

71 - Geografia

72 - Antártica

73 - Fazenda #1

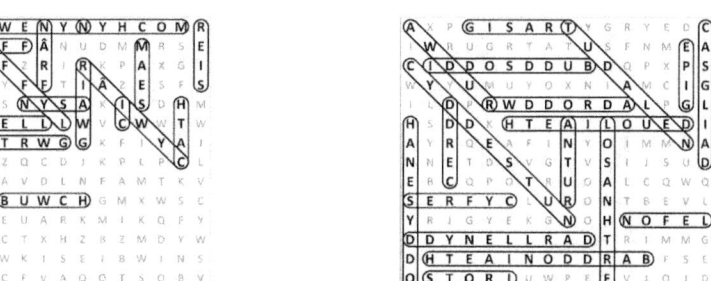

74 - Livros

75 - Chocolate

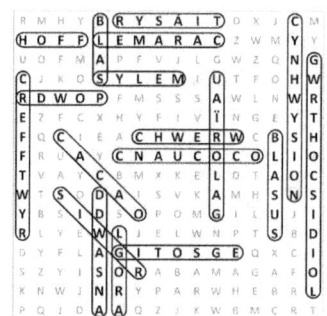

76 - Governo

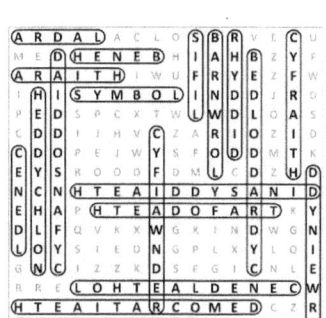

77 - Jardinagem

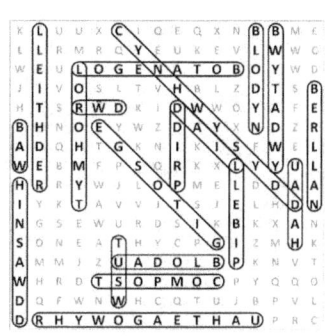

78 - Profissões #2

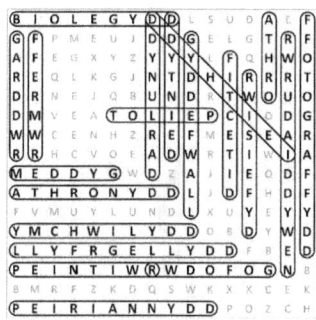

79 - Café

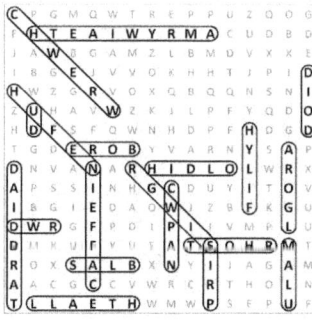

80 - Negócios

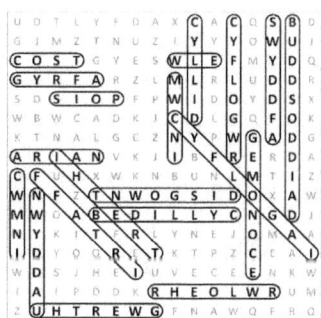

81 - Fazenda #2

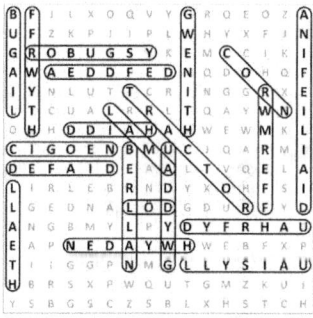

82 - Jardim

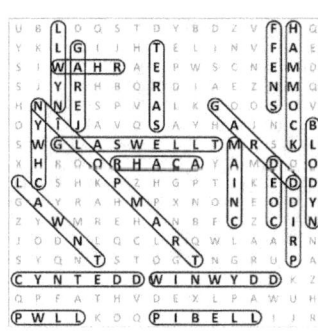

83 - Oceano

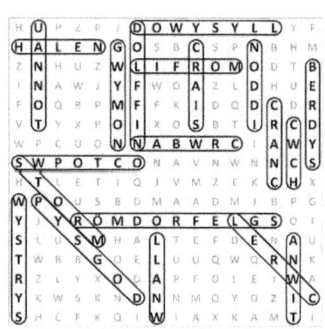

84 - Profissões #1

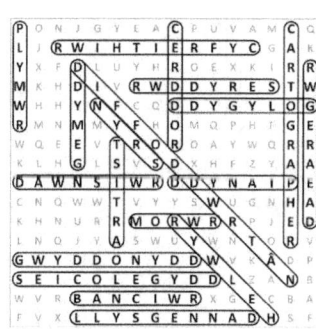

85 - Força e Gravidade

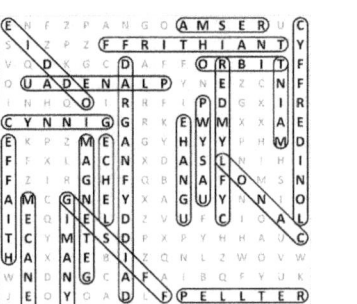

86 - Abelhas

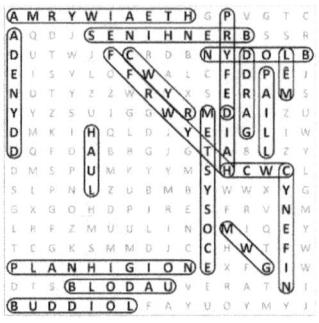

87 - Ciência

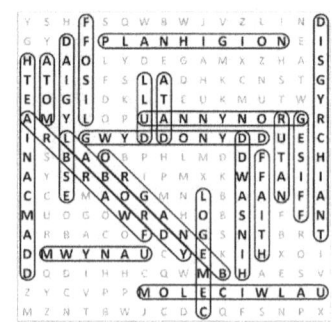

88 - Comida #1

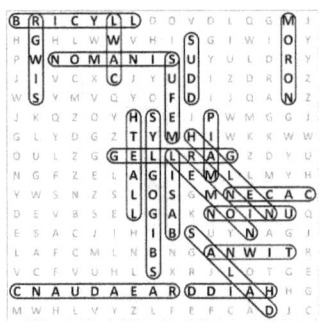

89 - Geometria

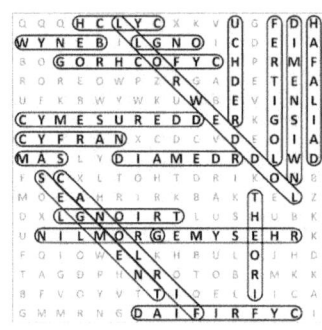

90 - Pássaros

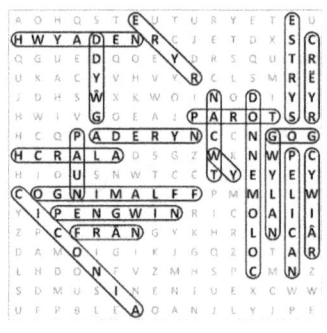

91 - Literatura

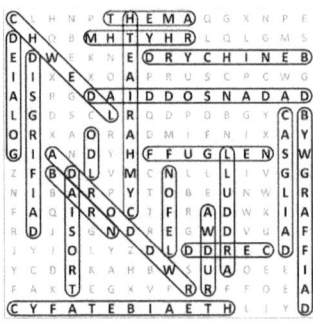

92 - Química

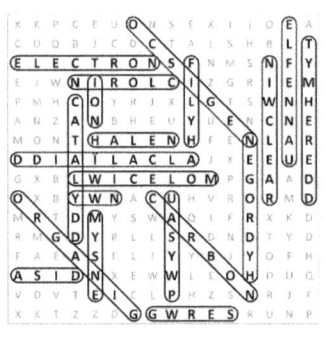

93 - Clima

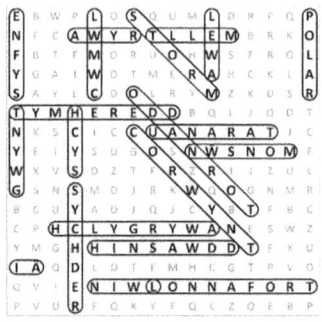

94 - Arte

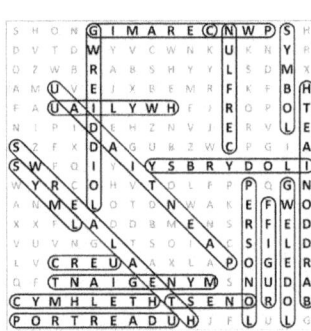

95 - Diplomacia

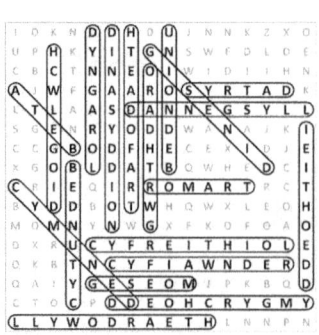

96 - Comida # 2

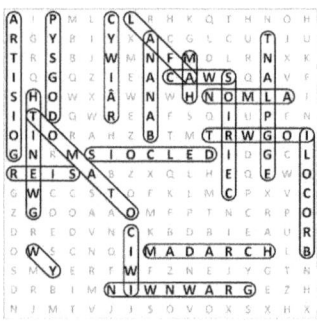

97 - Universo

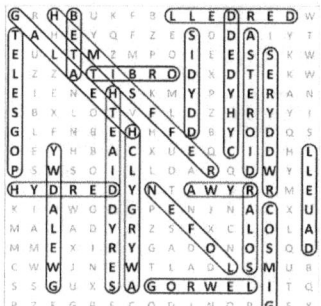

98 - Jazz

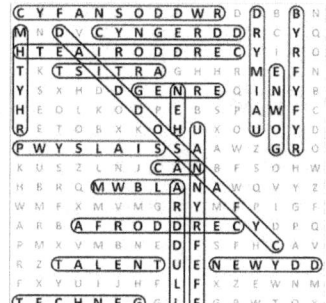

99 - Barcos

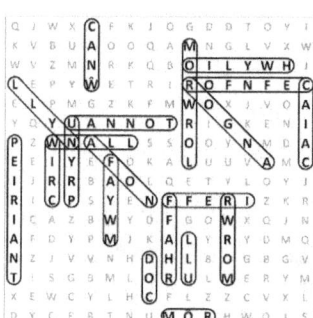

100 - Mamíferos

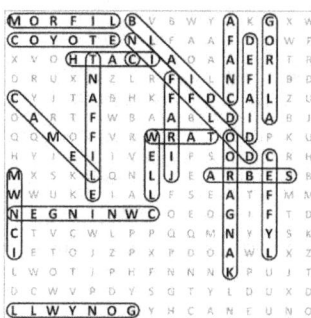

Dicionário

A Empresa
Y Cwmni

Apresentação	Cyflwyniad
Criativo	Creadigol
Decisão	Penderfyniad
Emprego	Cyflogaeth
Global	Byd-Eang
Indústria	Diwydiant
Inovador	Arloesol
Investimento	Buddsoddiad
Negócio	Busnes
Possibilidade	Posibilrwydd
Produto	Cynnyrch
Profissional	Proffesiynol
Progresso	Cynnydd
Qualidade	Ansawdd
Receita	Refeniw
Recursos	Adnoddau
Reputação	Enw Da
Riscos	Risgiau
Tendências	Tueddiadau
Unidades	Unedau

A Mídia
Y Cyfryngau

Atitudes	Agweddau
Comercial	Masnachol
Comunicação	Cyfathrebu
Digital	Digidol
Edição	Argraffiad
Educação	Addysg
Fatos	Ffeithiau
Financiamento	Cyllid
Fotos	Lluniau
Imagens	Delweddau
Individual	Unigol
Indústria	Diwydiant
Intelectual	Deallusol
Local	Lleol
Online	Ar-Lein
Opinião	Barn
Público	Cyhoeddus
Rádio	Radio
Rede	Rhwydwaith
Televisão	Teledu

Abelhas
Gwenyn

Asas	Adenydd
Benéfico	Buddiol
Cera	Cwyr
Colmeia	Cwch
Diversidade	Amrywiaeth
Ecossistema	Ecosystem
Enxame	Haid
Flor	Blodyn
Flores	Blodau
Fruta	Ffrwyth
Fumaça	Mwg
Habitat	Cynefin
Inseto	Pryfed
Jardim	Gardd
Mel	Mêl
Plantas	Planhigion
Pólen	Paill
Rainha	Brenhines
Sol	Haul

Acampamento
Gwersylla

Animais	Anifeiliaid
Aventura	Antur
Árvores	Coed
Bússola	Cwmpawd
Cabine	Caban
Caça	Hela
Canoa	Canŵ
Chapéu	Het
Corda	Rhaff
Equipamento	Offer
Floresta	Coedwig
Fogo	Tân
Inseto	Pryfed
Lago	Llyn
Lua	Lleuad
Maca	Hammock
Mapa	Map
Montanha	Mynydd
Natureza	Natur
Tenda	Pabell

Adjetivos #1
Ansoddeiriau # 1

Absoluto	Absoliwt
Aromático	Aromatig
Artístico	Artistig
Atraente	Deniadol
Enorme	Enfawr
Escuro	Tywyll
Exótico	Egsotig
Fino	Tenau
Generoso	Hael
Grande	Mawr
Honesto	Onest
Idêntico	Union
Importante	Pwysig
Lento	Araf
Misterioso	Dirgel
Moderno	Modern
Perfeito	Perffaith
Pesado	Trwm
Sério	Difrifol
Valioso	Gwerthfawr

Adjetivos #2
Ansoddeiriau # 2

Autêntico	Dilys
Criativo	Creadigol
Descritivo	Disgrifiadol
Dotado	Dawnus
Elegante	Cain
Famoso	Enwog
Forte	Cryf
Interessante	Diddorol
Natural	Naturiol
Normal	Arferol
Novo	Newydd
Orgulhoso	Falch
Produtivo	Cynhyrchiol
Puro	Pur
Quente	Poeth
Responsável	Cyfrifol
Salgado	Hallt
Saudável	Iach
Seco	Sych
Selvagem	Gwyllt

Agronomia
Agronomeg

Agricultura	Ffermio
Ambiente	Amgylchedd
Água	Dŵr
Ciência	Gwyddoniaeth
Crescimento	Twf
Doenças	Clefydau
Ecologia	Ecoleg
Energia	Ynni
Fertilizante	Gwrtaith
Identificação	Adnabod
Legumes	Llysiau
Orgânico	Organig
Plantas	Planhigion
Poluição	Llygredd
Produção	Cynhyrchu
Rural	Gwledig
Sementes	Hadau
Sistemas	Systemau
Solo	Pridd
Sustentável	Cynaliadwy

Antártica
Antarctica

Ambiente	Amgylchedd
Água	Dŵr
Baía	Bae
Baleias	Morfilod
Científico	Gwyddonol
Conservação	Cadwraeth
Continente	Cyfandir
Expedição	Daith
Geleiras	Rhewlifoedd
Gelo	Iâ
Geografia	Daearyddiaeth
Ilhas	Ynysoedd
Investigador	Ymchwilydd
Migração	Mudo
Minerais	Mwynau
Península	Penrhyn
Pinguins	Pengwiniaid
Rochoso	Creigiog
Temperatura	Tymheredd
Topografia	Topograffeg

Antiguidades
Hynafiaethau

Arte	Celf
Autêntico	Dilys
Decorativo	Addurnol
Décadas	Degawdau
Elegante	Cain
Escultura	Cerflun
Estilo	Arddull
Galeria	Oriel
Incomum	Anarferol
Investimento	Buddsoddiad
Item	Eitem
Leilão	Arwerthiant
Mobiliário	Dodrefn
Moedas	Darnau Arian
Preço	Pris
Qualidade	Ansawdd
Restauração	Adfer
Século	Canrif
Valor	Gwerth
Velho	Hen

Aquecimento Global
Cynhesu Byd-Eang

Agora	Nawr
Ambiental	Amgylcheddol
Atenção	Sylw
Ártico	Arctig
Cientista	Gwyddonydd
Clima	Hinsawdd
Consequências	Canlyniadau
Crise	Argyfwng
Dados	Data
Desenvolvimento	Datblygu
Enorgia	Ynni
Futuro	Dyfodol
Gás	Nwy
Gerações	Cenedlaethau
Governo	Llywodraeth
Indústria	Diwydiant
Internacional	Rhyngwladol
Legislação	Deddfwriaeth
Populações	Poblogaethau
Temperaturas	Tymheredd

Arqueologia
Archeoleg

Análise	Dadansoddiad
Anos	Blynyddoedd
Antiguidade	Hynafiaeth
Avaliação	Gwerthuso
Civilização	Gwareiddiad
Descendente	Disgynnydd
Desconhecido	Anhysbys
Equipe	Tîm
Era	Cyfnod
Especialista	Arbenigwr
Esquecido	Anghofio
Fóssil	Ffosil
Investigador	Ymchwilydd
Mistério	Dirgelwch
Objetos	Gwrthrychau
Ossos	Esgyrn
Professor	Athro
Relíquia	Crair
Templo	Deml
Túmulo	Bedd

Arte
Celf

Cerâmica	Ceramig
Complexo	Cymhleth
Composição	Cyfansoddiad
Criar	Creu
Escultura	Cerflun
Expressão	Mynegiant
Figura	Ffigur
Honesto	Onest
Humor	Hwyliau
Inspirado	Ysbrydoli
Original	Gwreiddiol
Pessoal	Personol
Pinturas	Paentiadau
Poesia	Barddoniaeth
Retratar	Portreadu
Simples	Syml
Símbolo	Symbol
Sujeito	Pwnc
Surrealismo	Swrealaeth
Visual	Gweledol

Astronomia
Seryddiaeth

Asteróide	Asteroid
Astronauta	Gofodwr
Astrônomo	Seryddwr
Céu	Awyr
Constelação	Cytser
Cosmos	Cosmos
Eclipse	Eclipse
Equinócio	Equinox
Foguete	Roced
Gravidade	Disgyrchiant
Lua	Lleuad
Meteoro	Meteor
Nebulosa	Nebula
Observatório	Arsyllfa
Planeta	Blaned
Radiação	Ymbelydredd
Solar	Solar
Supernova	Uwchnofa
Terra	Ddaear
Universo	Bydysawd

Aventura
Antur

Alegria	Llawenydd
Amigos	Ffrindiau
Atividade	Gweithgaredd
Beleza	Harddwch
Bravura	Dewrder
Desafios	Heriau
Destino	Cyrchfan
Dificuldade	Anhawster
Entusiasmo	Brwdfrydedd
Excursão	Gwibdaith
Incomum	Anarferol
Itinerário	Amserlen
Natureza	Natur
Navegação	Llywio
Novo	Newydd
Oportunidade	Cyfle
Perigoso	Peryglus
Preparação	Paratoi
Segurança	Diogelwch
Surpreendente	Syndod

Aviões
Awyrennau

Altura	Uchder
Aterrissagem	Glanio
Atmosfera	Awyrgylch
Aventura	Antur
Balão	Balŵn
Céu	Awyr
Combustível	Tanwydd
Construção	Adeiladu
Descida	Disgyniad
Direção	Cyfeiriad
Hidrogênio	Hydrogen
História	Hanes
Inflar	Chwyddo
Motor	Peiriant
Navegar	Lywio
Passageiro	Teithwyr
Piloto	Peilot
Tempo	Tywydd
Tripulação	Criw
Turbulência	Cynnwrf

Álgebra
Algebra

Diagrama	Diagram
Equação	Hafaliad
Falso	Ffug
Fator	Ffactor
Fórmula	Fformiwla
Fração	Ffracsiwn
Infinito	Anfeidrol
Linear	Llinol
Matriz	Matrics
Número	Rhif
Parêntese	Parenthesis
Problema	Broblem
Quantidade	Maint
Resolver	Datrys
Simplificar	Symleiddio
Solução	Ateb
Soma	Swm
Subtração	Tynnu
Variável	Newidyn
Zero	Sero

Balé
Bale

Aplauso	Cymeradwyaeth
Artístico	Artistig
Compositor	Cyfansoddwr
Coreografia	Coreograffi
Dançarinos	Dawnswyr
Ensaio	Ymarfer
Estilo	Arddull
Expressivo	Mynegiannol
Gesto	Ystum
Gracioso	Gosgeiddig
Intensidade	Dwysedd
Músculos	Cyhyrau
Música	Cerddoriaeth
Orquestra	Cerddorfa
Público	Gynulleidfa
Ritmo	Rhythm
Solo	Unawd
Técnica	Techneg

Barcos
Cychod

Âncora	Angor
Balsa	Fferi
Bóia	Prynu
Caiaque	Caiac
Canoa	Canŵ
Corda	Rhaff
Doca	Doc
Iate	Hwylio
Jangada	Llu
Lago	Llyn
Mar	Môr
Maré	Llanw
Marinheiro	Morwr
Mastro	Mwyaf
Motor	Peiriant
Náutico	Morwrol
Oceano	Cefnfor
Ondas	Tonnau
Rio	Afon
Tripulação	Criw

Beleza
Harddwch

Batom	Minlliw
Cachos	Curls
Charme	Swyn
Cor	Lliw
Cosméticos	Colur
Elegante	Cain
Elegância	Ceinder
Espelho	Drych
Estilista	Steilydd
Fotogênico	Ffotogenig
Fragrância	Fragrance
Graça	Gras
Maquiagem	Cyfansoddiad
Óleos	Olewau
Pele	Croen
Produtos	Cynhyrchion
Rímel	Mascara
Serviços	Gwasanaethau
Tesoura	Siswrn
Xampu	Siamp

Biologia
Bioleg

Anatomia	Anatomeg
Bactérias	Bacteria
Célula	Cell
Colagénio	Colagen
Cromossoma	Cromosom
Embrião	Embryo
Enzima	Ensym
Evolução	Esblygiad
Hormona	Hormon
Mamífero	Mamal
Mutação	Treiglad
Natural	Naturiol
Nervo	Nerf
Neurônio	Niwron
Osmose	Osmosis
Plantas	Planhigion
Proteína	Protein
Réptil	Ymlusgiaid
Simbiose	Symbiosis
Sinapse	Synapse

Café
Coffi

Açúcar	Siwgr
Amargo	Chwerw
Aroma	Arogl
Assado	Rhost
Água	Dŵr
Bebida	Diod
Cafeína	Caffein
Copa	Cwpan
Creme	Hufen
Filtro	Hidlo
Leite	Llaeth
Líquido	Hylif
Manhã	Bore
Moer	Malu
Origem	Tarddiad
Preço	Pris
Preto	Du
Sabor	Blas
Variedade	Amrywiaeth

Caminhada
Heicio

Acampamento	Gwersylla
Animais	Anifeiliaid
Água	Dŵr
Botas	Esgidiau
Cansado	Flinedig
Clima	Hinsawdd
Guias	Canllawiau
Mapa	Map
Montanha	Mynydd
Natureza	Natur
Orientação	Cyfeiriad
Parques	Parciau
Pedras	Cerrig
Penhasco	Clogwyn
Perigos	Peryglon
Pesado	Trwm
Preparação	Paratoi
Selvagem	Gwyllt
Sol	Haul
Tempo	Tywydd

Casa
Tŷ

Biblioteca	Llyfrgell
Cerca	Ffens
Chaves	Allweddi
Chuveiro	Cawod
Cortinas	Llenni
Cozinha	Cegin
Espelho	Drych
Garagem	Garej
Janela	Ffenestr
Jardim	Gardd
Lareira	Lle Tân
Mobiliário	Dodrefn
Parede	Wal
Porta	Drws
Quarto	Ystafell
Sótão	Atig
Tapete	Rug
Teto	Nenfwd
Torneira	Faucet
Vassoura	Banadl

Chocolate
Siocled

Açúcar	Siwgr
Amargo	Chwerw
Antioxidante	Gwrthocsidiol
Aroma	Arogl
Artesanal	Crefftwyr
Cacau	Cacao
Calorias	Galorïau
Caramelo	Caramel
Coco	Cnau Coco
Delicioso	Blasus
Doce	Melys
Exótico	Egsotig
Favorito	Hoff
Gosto	Blas
Ingrediente	Cynhwysion
Pó	Powdr
Qualidade	Ansawdd
Receita	Rysáit

Churrascos
Barbeciws

Cebolas	Syrthion
Convite	Gwahoddiad
Crianças	Plant
Facas	Cyllyll
Família	Teulu
Fome	Newyn
Frango	Cyw lâr
Fruta	Ffrwyth
Grelha	Gril
Jantar	Cinio
Jogos	Gemau
Legumes	Llysiau
Molho	Saws
Música	Cerddoriaeth
Pimenta	Pupur
Quente	Poeth
Sal	Halen
Saladas	Saladau
Tomates	Tomatos
Verão	Haf

Cidade
Y Dref

Aeroporto	Maes Awyr
Banco	Banc
Biblioteca	Llyfrgell
Cinema	Sinema
Escola	Ysgol
Estádio	Stadiwm
Farmácia	Fferyllfa
Florista	Siop Flodau
Galeria	Oriel
Hotel	Gwesty
Jardim Zoológico	Sw
Livraria	Siop Lyfrau
Mercado	Farchnad
Museu	Amgueddfa
Padaria	Becws
Restaurante	Bwyty
Salão	Salon
Supermercado	Archfarchnad
Teatro	Theatr
Universidade	Prifysgol

Ciência
Gwyddoniaeth

Átomo	Atom
Cientista	Gwyddonydd
Clima	Hinsawdd
Dados	Data
Evolução	Esblygiad
Experiência	Arbrawf
Fato	Ffaith
Física	Ffiseg
Fóssil	Ffosil
Gravidade	Disgyrchiant
Hipótese	Ddamcaniaeth
Laboratório	Labordy
Método	Dull
Minerais	Mwynau
Moléculas	Moleciwlau
Natureza	Natur
Organismo	Organeb
Partículas	Gronynnau
Plantas	Planhigion
Químico	Cemegol

Clima
Tywydd

Arco-Íris	Enfys
Atmosfera	Awyrgylch
Brisa	Awel
Céu	Awyr
Clima	Hinsawdd
Furacão	Corwynt
Gelo	Iâ
Monção	Monsŵn
Nevoeiro	Niwl
Nuvem	Cwmwl
Polar	Polar
Relâmpago	Mellt
Seca	Sychder
Seco	Sych
Temperatura	Tymheredd
Tempestade	Storm
Tornado	Tornado
Tropical	Trofannol
Trovão	Taranau
Vento	Gwynt

Comida # 2
Bwyd # 2

Alcachofra	Artisiog
Amêndoa	Almon
Arroz	Reis
Banana	Banana
Beringela	Eggplant
Brócolis	Brocoli
Cereja	Ceirios
Chocolate	Siocled
Cogumelo	Madarch
Frango	Cyw lâr
Iogurte	Iogwrt
Kiwi	Ciwi
Maçã	Afal
Ovo	Wy
Peixe	Pysgod
Presunto	Ham
Queijo	Caws
Tomate	Tomato
Trigo	Gwenith
Uva	Grawnwin

Comida #1
Bwyd # 1

Açúcar	Siwgr
Alho	Garlleg
Amendoim	Cnau Daear
Atum	Tiwna
Bolo	Cacen
Canela	Sinamon
Cebola	Union
Cenoura	Moron
Cevada	Haidd
Damasco	Bricyll
Espinafre	Sbigoglys
Leite	Llaeth
Limão	Lemon
Manjericão	Basil
Morango	Mefus
Nabo	Maip
Sal	Halen
Salada	Salad
Sopa	Cawl
Suco	Sudd

Corpo Humano
Corff Dynol

Boca	Geg
Cabeça	Pen
Cérebro	Ymennydd
Coração	Galon
Cotovelo	Penelin
Dedo	Bys
Joelho	Pen-Glin
Lábios	Gwefusau
Mão	Llaw
Nariz	Trwyn
Olho	Llygad
Ombro	Ysgwydd
Orelha	Clust
Pele	Croen
Perna	Coes
Pescoço	Gwddf
Queixo	Ên
Sangue	Gwaed
Testa	Talcen
Tornozelo	Ffêr

Cozinha
Cegin

Avental	Ffedog
Chaleira	Tegell
Colheres	Llwyau
Concha	Lletwad
Cups	Cwpanau
Especiarias	Sbeisys
Esponja	Noddi
Facas	Cyllyll
Forno	Popty
Freezer	Rhewgell
Garfos	Ffyrc
Geladeira	Oergell
Grelha	Gril
Guardanapo	Napcyn
Jar	Jar
Jarro	Jwg
Pauzinhos	Chopsticks
Receita	Rysáit
Tigela	Bowl

Criatividade
Creadigrwydd

Artístico	Artistig
Autenticidade	Dilysrwydd
Clareza	Eglurder
Dramático	Dramatig
Emoções	Emosiynau
Espontânea	Digymell
Expressão	Mynegiant
Fluidez	Hylifedd
Imagem	Delwedd
Imaginação	Dychymyg
Impressão	Argraff
Inspiração	Ysbrydoliaeth
Intensidade	Dwysedd
Intuição	Greddf
Inventivo	Buddsoddi
Sensação	Teimlad
Sentimentos	Teimladau
Vitalidade	Bywiogrwydd

Dança
Dawns

Academia	Academi
Alegre	Llawen
Arte	Celf
Clássico	Clasurol
Coreografia	Coreograffi
Corpo	Corff
Cultura	Diwylliant
Cultural	Diwylliannol
Emoção	Emosiwn
Ensaio	Ymarfer
Expressivo	Mynegiannol
Graça	Gras
Movimento	Symudiad
Música	Cerddoriaeth
Parceiro	Partner
Postura	Osgo
Ritmo	Rhythm
Saltar	Neidio
Tradicional	Traddodiadol
Visual	Gweledol

Dias e Meses
Diwrnodau a Misoedd

Abril	Ebrill
Agosto	Awst
Ano	Blwyddyn
Calendário	Calendr
Dezembro	Rhagfyr
Domingo	Dydd Sul
Fevereiro	Chwefror
Janeiro	Ionawr
Julho	Gorffennaf
Junho	Mehefin
Mês	Mis
Novembro	Tachwedd
Outubro	Hydref
Quinta-Feira	Dydd Iau
Sábado	Dydd Sadwrn
Segunda-Feira	Dydd Llun
Semana	Wythnos
Setembro	Medi
Sexta-Feira	Dydd Gwener
Terça	Dydd Mawrth

Diplomacia
Diplomyddiaeth

Campanhas	Ymgyrchoedd
Cidadãos	Dinasyddion
Cívico	Dinesig
Comunidade	Cymuned
Conflito	Gwrthdaro
Discussão	Trafodaeth
Embaixador	Llysgennad
Estrangeiro	Tramor
Ética	Moeseg
Governo	Llywodraeth
Humanitário	Dyngarol
Integridade	Uniondeb
Justiça	Cyfiawnder
Legal	Cyfreithiol
Línguas	Ieithoedd
Resolução	Datrys
Segurança	Diogelwch
Solução	Ateb
Tratado	Cytundeb

Dirigindo
Gyrru

Acidente	Damwain
Carro	Car
Combustível	Tanwydd
Cuidado	Rhybudd
Estrada	Ffordd
Freios	Breciau
Garagem	Garej
Gás	Nwy
Licença	Trwydded
Mapa	Map
Motocicleta	Beic Modur
Motor	Modur
Pedestre	Cerddwyr
Perigo	Perygl
Polícia	Heddlu
Rua	Stryd
Segurança	Diogelwch
Transporte	Cludiant
Tráfego	Traffig
Túnel	Twnnel

Disciplinas Científicas
Ddisgyblaethau Gwyddonol

Anatomia	Anatomeg
Arqueologia	Archaeoleg
Astronomia	Seryddiaeth
Biologia	Bioleg
Bioquímica	Biocemeg
Botânica	Llysieueg
Cinesiologia	Kinesiology
Ecologia	Ecoleg
Fisiologia	Ffisioleg
Geologia	Daeareg
Imunologia	Imiwnoleg
Linguística	Ieithyddiaeth
Mecânica	Mecaneg
Meteorologia	Meteoroleg
Mineralogia	Mwynglawdd
Neurologia	Niwroleg
Psicologia	Seicoleg
Química	Cemeg
Sociologia	Cymdeithaseg
Zoologia	Milofyddiaeth

Doença
Clefyd

Agudo	Aciwt
Alergias	Alergeddau
Contagioso	Heintus
Coração	Galon
Corpo	Corff
Crônica	Cronig
Fraco	Gwan
Genético	Genetig
Hereditário	Etifeddol
Imunidade	Imiwnedd
Inflamação	Llid
Lombar	Meingefnol
Neuropatia	Niwropatheg
Ossos	Esgyrn
Patógenos	Pathogenau
Respiratório	Atebol
Saúde	Iechyd
Síndrome	Syndrom
Terapia	Therapi

Ecologia
Ecoleg

Clima	Hinsawdd
Comunidades	Cymunedau
Diversidade	Amrywiaeth
Espécies	Rhywogaethau
Fauna	Ffawna
Flora	Flora
Global	Byd-Eang
Habitat	Cynefin
Marinho	Morol
Montanhas	Mynyddoedd
Natural	Naturiol
Natureza	Natur
Pântano	Gors
Plantas	Planhigion
Recursos	Adnoddau
Seca	Sychder
Sobrevivência	Goroesi
Sustentável	Cynaliadwy
Vegetação	Llystyfiant
Voluntários	Gwirfoddolwyr

Edifícios
Adeiladau

Apartamento	Fflat
Cabine	Caban
Castelo	Castell
Celeiro	Ysgubor
Cinema	Sinema
Escola	Ysgol
Estádio	Stadiwm
Fazenda	Fferm
Fábrica	Ffatri
Garagem	Garej
Hospital	Ysbyty
Hotel	Gwesty
Laboratório	Labordy
Museu	Amgueddfa
Observatório	Arsyllfa
Supermercado	Archfarchnad
Teatro	Theatr
Tenda	Pabell
Torre	Twr
Universidade	Prifysgol

Emoções
Emosiynau

Alegria	Llawenydd
Amor	Caru
Animado	Gyffrous
Bem-Aventurança	Wynfyd
Bondade	Caredigrwydd
Calmo	Dawel
Conteúdo	Cynnwys
Grato	Diolchgar
Medo	Ofn
Paz	Heddwch
Raiva	Dicter
Relaxado	Hamddenol
Satisfeito	Fodlon
Simpatia	Cydymdeimlad
Ternura	Tynerwch
Tédio	Diflastod
Tranquilidade	Llonyddwch
Tristeza	Tristwch

Energia
Ynni

Ambiente	Amgylchedd
Bateria	Batri
Calor	Gwres
Carbono	Carbon
Combustível	Tanwydd
Diesel	Diesel
Elétrico	Trydan
Elétron	Electron
Entropia	Entropi
Fóton	Ffoton
Gasolina	Gasoline
Hidrogênio	Hydrogen
Indústria	Diwydiant
Motor	Modur
Nuclear	Niwclear
Poluição	Llygredd
Renovável	Adnewyddadwy
Sol	Haul
Turbina	Tyrbin
Vento	Gwynt

Engenharia
Peirianneg

Atrito	Ffrithiant
Ângulo	Ongl
Cálculo	Cyfrifiad
Construção	Adeiladu
Diagrama	Diagram
Diâmetro	Diamedr
Diesel	Diesel
Dimensões	Dimensiynau
Distribuição	Dosbarthu
Eixo	Echel
Energia	Ynni
Estabilidade	Sefydlogrwydd
Estrutura	Strwythur
Força	Cryfder
Líquido	Hylif
Máquina	Peiriant
Medição	Mesur
Motor	Modur
Movimento	Cynnig
Profundidade	Dyfnder

Especiarias
Sbeisys

Açafrão	Saffrwm
Alcaçuz	Licorice
Alho	Garlleg
Amargo	Chwerw
Anis	Anise
Azedo	Sur
Baunilha	Fanila
Canela	Sinamon
Cardamomo	Cardamom
Caril	Cyri
Cebola	Union
Coentro	Coriander
Cominho	Cwmin
Doce	Melys
Funcho	Ffenigl
Gengibre	Sinsir
Noz-Moscada	Nytmeg
Pimenta	Pupur
Sabor	Blas
Sal	Halen

Esporte
Chwaraeon

Alongamento	Ymestyn
Atleta	Mabolgampwr
Capacidade	Gallu
Ciclismo	Beicio
Corpo	Corff
Dançando	Dawnsio
Dieta	Deiet
Esportes	Chwaraeon
Força	Cryfder
Jogging	Loncian
Maximizar	Wneud y Corau
Metabólico	Metabolig
Músculos	Cyhyrau
Nutrição	Maeth
Objetivo	Nod
Ossos	Esgyrn
Programa	Rhaglen
Resistência	Dygnwch
Saúde	Iechyd
Treinador	Hyfforddwr

Ética
Moeseg

Altruísmo	Anhunanoldeb
Bondade	Caredigrwydd
Compaixão	Tosturi
Dignidade	Urddas
Filosofia	Athroniaeth
Honestidade	Gonestrwydd
Humanidade	Dynoliaeth
Individualismo	Unigolyn
Integridade	Uniondeb
Otimismo	Optimistiaeth
Paciência	Amynedd
Racionalidade	Rhesymoldeb
Razoável	Rhesymol
Realismo	Realaeth
Respeitoso	Parch
Sabedoria	Doethineb
Tolerância	Goddefgarwch
Valores	Gwerthoedd

Família
Teulu

Antepassado	Hynafiad
Avó	Nain
Criança	Plentyn
Crianças	Plant
Esposa	Gwraig
Filha	Merch
Infância	Plentyndod
Irmã	Chwaer
Irmão	Brawd
Marido	Gŵr
Materno	Mamau
Mãe	Fam
Neto	Ŵyr
Pai	Tad
Paterno	Tadol
Primo	Cefnder
Sobrinha	Nith
Sobrinho	Nai
Tia	Modryb
Tio	Ewythr

Fazenda #1
Fferm # 1

Abelha	Gwenyn
Arroz	Reis
Água	Dŵr
Bezerro	Llo
Burro	Asyn
Cabra	Gafr
Campo	Maes
Cavalo	Ceffyl
Cão	Ci
Cerca	Ffens
Corvo	Frân
Feno	Gwair
Fertilizante	Gwrtaith
Frango	Cyw Iâr
Gato	Cath
Mel	Mêl
Porco	Mochyn
Rebanho	Ddiadell
Terra	Tir
Vaca	Buwch

Fazenda #2
Fferm # 2

Agricultor	Ffermwr
Animais	Anifeiliaid
Celeiro	Ysgubor
Cevada	Haidd
Cordeiro	Cig Oen
Fruta	Ffrwyth
Ganso	Gwyddau
Irrigação	Dyfrhau
Leite	Llaeth
Lhama	Lama
Maduro	Aeddfed
Milho	Corn
Ovelha	Defaid
Pastor	Bugail
Pato	Hwyaden
Pomar	Berllan
Prado	Dôl
Trator	Tractor
Trigo	Gwenith
Vegetal	Llysiau

Férias #2
Yn Ystod y Gwyliau #2

Aeroporto	Maes Awyr
Destino	Cyrchfan
Estrangeiro	Estron
Feriado	Gwyliau
Fotos	Lluniau
Hotel	Gwesty
Ilha	Ynys
Lazer	Hamdden
Mapa	Map
Mar	Môr
Montanhas	Mynyddoedd
Passaporte	Pasbort
Praia	Traeth
Reservas	Amheuon
Restaurante	Bwyty
Táxi	Tacsi
Tenda	Pabell
Transporte	Cludiant
Viagem	Taith
Visto	Fisa

Ficção Científica
Ffuglen Gwyddoniaeth

Atómico	Atomig
Cinema	Sinema
Distante	Pell
Distopia	Dystopia
Explosão	Ffrwydrad
Extremo	Eithafol
Fantástico	Gwych
Fogo	Tân
Futurista	Dyfodolaidd
Galáxia	Galaeth
Ilusão	Rhith
Imaginário	Dychmygol
Livros	Llyfrau
Misterioso	Dirgel
Mundo	Byd
Oráculo	Oracle
Planeta	Blaned
Robôs	Robotiaid
Tecnologia	Technoleg
Utopia	Utopia

Filantropia
Dyngarwch

Caridade	Elusen
Comunidade	Cymuned
Contatos	Cysylltiadau
Crianças	Plant
Desafios	Heriau
Finança	Cyllid
Fundos	Cronfeydd
Generosidade	Haelioni
Global	Byd-Eang
Grupos	Grwpiau
História	Hanes
Honestidade	Gonestrwydd
Humanidade	Dynoliaeth
Juventude	Ieuenctid
Missão	Cenhadaeth
Necessidade	Angen
Objetivos	Nodau
Pessoas	Pobl
Programas	Rhaglenni
Público	Cyhoeddus

Física
Ffiseg

Aceleração	Cyflymiad
Átomo	Atom
Caos	Anhrefn
Densidade	Dwysedd
Elétron	Electron
Fórmula	Fformiwla
Frequência	Amlder
Gás	Nwy
Gravidade	Disgyrchiant
Magnetismo	Magneteg
Massa	Màs
Mecânica	Mecaneg
Molécula	Moleciwl
Motor	Peiriant
Nuclear	Niwclear
Partícula	Gronynnau
Químico	Cemegol
Relatividade	Ymlacio
Universal	Cyffredinol
Velocidade	Cyflymder

Floresta Tropical
Fforestydd Glaw

Anfíbios	Amffibiaid
Botânico	Botanegol
Clima	Hinsawdd
Comunidade	Cymuned
Diversidade	Amrywiaeth
Espécies	Rhywogaethau
Indígena	Cynhenid
Insetos	Pryfed
Mamíferos	Mamaliaid
Musgo	Mwsogl
Natureza	Natur
Nuvens	Cymylau
Pássaros	Adar
Preservação	Cadwraeth
Refúgio	Lloches
Respeito	Parch
Restauração	Adfer
Selva	Jyngl
Sobrevivência	Goroesi
Valioso	Gwerthfawr

Força e Gravidade
Heddlu a Disgyrchiant

Atrito	Ffrithiant
Centro	Canol
Descoberta	Darganfyddiad
Dinâmico	Dynamig
Distância	Pellter
Eixo	Echel
Expansão	Ehangu
Física	Ffiseg
Impacto	Effaith
Magnetismo	Magneteg
Magnitude	Maint
Mecânica	Mecaneg
Movimento	Cynnig
Órbita	Orbit
Planetas	Planedau
Pressão	Pwysau
Propriedades	Eiddo
Rapidez	Cyflymder
Tempo	Amser
Universal	Cyffredinol

Frutas
Ffrwythau

Abacate	Afocado
Amora	Blackberry
Baga	Aeron
Banana	Banana
Cereja	Ceirios
Coco	Cnau Coco
Damasco	Bricyll
Figo	Ffig
Framboesa	Mafon
Goiaba	Guava
Kiwi	Ciwi
Laranja	Oren
Limão	Lemon
Maçã	Afal
Mamão	Papaia
Manga	Mango
Nectarina	Nectarine
Pera	Gellyg
Pêssego	Peach
Uva	Grawnwin

Geografia
Daearyddiaeth

Altitude	Uchder
Atlas	Atlas
Cidade	Dinas
Continente	Cyfandir
Hemisfério	Hemisffer
Ilha	Ynys
Latitude	Lledred
Mapa	Map
Mar	Môr
Meridiano	Meridian
Montanha	Mynydd
Mundo	Byd
Norte	Gogledd
Oceano	Cefnfor
Oeste	Gorllewin
País	Gwlad
Região	Rhanbarth
Rio	Afon
Sul	De
Território	Tiriogaeth

Geologia
Daeareg

Ácido	Asid
Camada	Haen
Caverna	Ogof
Cálcio	Calsiwm
Ciclos	Cylchoedd
Continente	Cyfandir
Coral	Cwrel
Cristais	Crisialau
Estalactite	Stalactite
Estalagmites	Stalagmidau
Fóssil	Ffosil
Lava	Lafa
Minerais	Mwynau
Pedra	Carreg
Platô	Gwastad
Quartzo	Cwarts
Sal	Halen
Terremoto	Daeargryn
Vulcão	Llosgfynydd
Zona	Parth

Geometria
Geometreg

Altura	Uchder
Ângulo	Ongl
Cálculo	Cyfrifiad
Círculo	Cylch
Curva	Gromlin
Diâmetro	Diamedr
Dimensão	Dimensiwn
Equação	Hafaliad
Horizontal	Llorweddol
Lógica	Rhesymeg
Massa	Màs
Mediana	Canolrif
Paralelo	Cyfochrog
Proporção	Cyfran
Segmento	Segment
Simetria	Cymesuredd
Superfície	Wyneb
Teoria	Theori
Triângulo	Triongl
Vertical	Fertigol

Governo
Llywodraeth

Cidadania	Dinasyddiaeth
Civil	Sifil
Constituição	Cyfansoddiad
Democracia	Democratiaeth
Discurso	Araith
Discussão	Trafodaeth
Distrito	Ardal
Estado	Wladwriaeth
Igualdade	Cydraddoldeb
Independência	Annibyniaeth
Judicial	Barnwrol
Justiça	Cyfiawnder
Lei	Cyfraith
Liberdade	Rhyddid
Líder	Arweinydd
Monumento	Heneb
Nacional	Cenedlaethol
Nação	Cenedl
Pacífico	Heddychlon
Símbolo	Symbol

Herbalismo
Llysieuol

Açafrão	Saffrwm
Alecrim	Rhosmar
Alho	Garlleg
Aromático	Aromatig
Benéfico	Buddiol
Coentro	Coriander
Estragão	Taragon
Flor	Blodyn
Funcho	Ffenigl
Ingrediente	Cynhwysion
Jardim	Gardd
Lavanda	Lafant
Manjericão	Basil
Manjerona	Marjoram
Planta	Planhigion
Qualidade	Ansawdd
Sabor	Blas
Salsa	Persli
Tomilho	Teim
Verde	Gwyrdd

Imigração
Mewnfudo

Administração	Gweinyddu
Adultos	Oedolion
Ajuda	Cymorth
Aprovação	Cymeradwyaeth
Comunicação	Cyfathrebu
Crianças	Plant
Documentos	Dogfennau
Estresse	Straen
Financiamento	Cyllid
Fronteiras	Ffiniau
Habitação	Tai
Lei	Cyfraith
Língua	Iaith
Negociação	Trafod
Oficial	Swyddog
Prazo	Dyddiad Cau
Proteção	Diogelu
Situação	Sefyllfa
Solução	Ateb

Jardim
Gardd

Ancinho	Rhaca
Arbusto	Llwyn
Árvore	Coed
Banco	Mainc
Cerca	Ffens
Ervas Daninhas	Chwyn
Flor	Blodyn
Garagem	Garej
Grama	Glaswellt
Gramado	Lawnt
Jardim	Gardd
Lagoa	Pwll
Maca	Hammock
Mangueira	Pibell
Pá	Rhaw
Solo	Pridd
Terraço	Teras
Trampolim	Trampolîn
Varanda	Cyntedd
Videira	Winwydd

Jardinagem
Garddio

Água	Dŵr
Botânico	Botanegol
Buquê	Tusw
Clima	Hinsawdd
Comestível	Bwytadwy
Composto	Compost
Espécies	Rhywogaethau
Exótico	Egsotig
Flor	Blodyn
Floral	Blodau
Folhagem	Dail
Mangueira	Pibell
Pomar	Berllan
Recipiente	Cynhwysydd
Sazonal	Tymhorol
Sementes	Hadau
Solo	Pridd
Sujeira	Baw
Umidade	Lleithder

Jazz
Jazz

Artista	Artist
Álbum	Albwm
Bateria	Drymiau
Canção	Cân
Composição	Cyfansoddiad
Compositor	Cyfansoddwr
Concerto	Cyngerdd
Estilo	Arddull
Ênfase	Pwyslais
Famoso	Enwog
Favoritos	Ffefrynnau
Gênero	Genre
Improvisação	Byrfyfyr
Música	Cerddoriaeth
Novo	Newydd
Orquestra	Cerddorfa
Ritmo	Rhythm
Talento	Talent
Técnica	Techneg
Velho	Hen

Literatura
Llenyddiaeth

Analogia	Cyfatebiaeth
Análise	Dadansoddiad
Anedota	Chwedl
Autor	Awdur
Biografia	Bywgraffiad
Comparação	Cymhariaeth
Conclusão	Casgliad
Descrição	Disgrifiad
Diálogo	Deialog
Estilo	Arddull
Ficção	Ffuglen
Metáfora	Trosiad
Narrador	Adroddwr
Opinião	Barn
Poema	Cerdd
Rima	Odl
Ritmo	Rhythm
Romance	Nofel
Tema	Thema
Tragédia	Drychineb

Livros
Llyfrau

Autor	Awdur
Aventura	Antur
Coleção	Casgliad
Contexto	Cyd-Destun
Dualidade	Deuoliaeth
Escrito	Ysgrifenedig
Épico	Epig
História	Stori
Histórico	Hanesyddol
Inventivo	Buddsoddi
Leitor	Darllenydd
Literário	Llenyddol
Narrador	Adroddwr
Página	Tudalen
Poema	Cerdd
Poesia	Barddoniaeth
Relevante	Perthnasol
Romance	Nofel
Série	Cyfres
Trágico	Trasig

Mamíferos
Mamaliaid

Baleia	Morfil
Camelo	Camel
Canguru	Kangaroo
Castor	Afanc
Cavalo	Ceffyl
Cão	Ci
Coelho	Cwningen
Coiote	Coyote
Elefante	Eliffant
Gato	Cath
Girafa	Jiraff
Golfinho	Dolffin
Gorila	Gorila
Leão	Llew
Lobo	Blaidd
Macaco	Mwnci
Ovelha	Defaid
Raposa	Llwynog
Touro	Tarw
Zebra	Sebra

Matemática
Mathemateg

Aritmética	Rhifyddeg
Ângulos	Onglau
Circunferência	Cylchedd
Decimal	Degol
Diâmetro	Diamedr
Equação	Hafaliad
Fração	Ffracsiwn
Geometria	Geometreg
Paralelo	Cyfochrog
Paralelogramo	Paralelogram
Perímetro	Amfesur
Perpendicular	Berpendicwlar
Polígono	Polygon
Quadrado	Sgwâr
Raio	Radiws
Retângulo	Petryal
Simetria	Cymesuredd
Soma	Swm
Triângulo	Triongl
Volume	Cyfrol

Medições
Mesuriadau

Altura	Uchder
Byte	Beit
Centímetro	Canolfan
Comprimento	Hyd
Decimal	Degol
Grama	Gram
Grau	Gradd
Largura	Lled
Litro	Litr
Massa	Màs
Metro	Mesurydd
Minuto	Munud
Onça	Owns
Peso	Pwysau
Polegada	Modfedd
Profundidade	Dyfnder
Quarto	Chwart
Quilograma	Cilogram
Tonelada	Tunnell
Volume	Cyfrol

Meditação
Myfyrdod

Aceitação	Derbyn
Acordado	Effro
Atenção	Sylw
Bondade	Caredigrwydd
Clareza	Eglurder
Compaixão	Tosturi
Emoções	Emosiynau
Ensinamentos	Dysgeidiaeth
Gratidão	Diolchgarwch
Hábitos	Arferion
Mental	Meddyliol
Mente	Meddwl
Movimento	Symudiad
Música	Cerddoriaeth
Natureza	Natur
Paz	Heddwch
Pensamentos	Meddyliau
Perspectiva	Safbwynt
Postura	Osgo
Silêncio	Distawrwydd

Mitologia
Mytholeg

Ciúmes	Cenfigen
Comportamento	Ymddygiad
Crenças	Credoau
Criação	Creu
Criatura	Creadur
Cultura	Diwylliant
Desastre	Trychineb
Força	Cryfder
Guerreiro	Rhyfelwr
Heroína	Arwres
Herói	Arwr
Imortalidade	Anfarwoldeb
Labirinto	Labyrinth
Lenda	Chwedl
Mágico	Hudol
Monstro	Anghenfil
Mortal	Marwol
Relâmpago	Mellt
Trovão	Meddwl
Vingança	Dial

Moda
Ffasiwn

Acessível	Fforddiadwy
Bordado	Brodwaith
Botões	Botymau
Boutique	Boutique
Caro	Drud
Confortável	Cyfforddus
Elegante	Cain
Estilo	Arddull
Medidas	Mesuriadau
Minimalista	Lleiaf
Moderno	Modern
Modesto	Cymedrol
Original	Gwreiddiol
Prático	Ymarferol
Renda	Lace
Roupa	Dillad
Simples	Syml
Tendência	Tuedd
Textura	Gwead

Música
Cerddoriaeth

Álbum	Albwm
Balada	Baled
Cantar	Canu
Cantor	Canwr
Clássico	Clasurol
Coro	Corws
Gravação	Cofnodi
Harmonia	Harmoni
Improvisar	Byrfyfyr
Instrumento	Offeryn
Lírico	Telynegol
Melodia	Alaw
Microfone	Meicroffon
Musical	Cerddorol
Músico	Cerddor
Ópera	Opera
Poético	Barddonol
Ritmo	Rhythm
Tempo	Tempo
Vocal	Lleisiol

Natureza
Natur

Abelhas	Gwenyn
Animais	Anifeiliaid
Ártico	Arctig
Beleza	Harddwch
Deserto	Anialwch
Dinâmico	Dynamig
Floresta	Coedwig
Folhagem	Dail
Geleira	Rhewlif
Montanhas	Mynyddoedd
Nevoeiro	Niwl
Nuvens	Cymylau
Pacífico	Heddychlon
Rio	Afon
Santuário	Cysegr
Selvagem	Gwyllt
Sereno	Tawel
Tropical	Trofannol
Vital	Hanfodol

Negócios
Busnes

Carreira	Gyrfa
Custo	Cost
Desconto	Disgownt
Dinheiro	Arian
Economia	Economeg
Empregado	Cyflogai
Empregador	Cyflogwr
Empresa	Cwmni
Escritório	Swyddfa
Fábrica	Ffatri
Finança	Cyllid
Gerente	Rheolwr
Impostos	Trethi
Investimento	Buddsoddiad
Loja	Siop
Lucro	Elw
Mercadoria	Nwyddau
Orçamento	Cyllideb
Rendimento	Incwm
Venda	Gwerthu

Nutrição
Maeth

Amargo	Chwerw
Apetite	Archwaeth
Calorias	Galorïau
Carboidratos	Carbohydradau
Comestível	Bwytadwy
Dieta	Deiet
Digestão	Treuliad
Equilibrado	Cytbwys
Fermentação	Eplesu
Líquidos	Hylifau
Molho	Saws
Nutriente	Maeth
Peso	Pwysau
Proteínas	Proteinau
Qualidade	Ansawdd
Sabor	Blas
Saudável	Iach
Saúde	Iechyd
Toxina	Gwenwyn
Vitamina	Fitamin

Números
Rhifau

Cinco	Pump
Decimal	Degol
Dez	Deg
Dezesseis	Un ar Bymtheg
Dezoito	Deunaw
Dois	Dau
Doze	Deuddeg
Matemática	Math
Nove	Naw
Oito	Wyth
Quatro	Pedwar
Quinze	Pymtheg
Seis	Chwech
Sete	Saith
Treze	Tri ar Ddeg
Três	Tri
Um	Un
Vinte	Ugain
Zero	Sero

Oceano
Cefnfor

Alga	Gwymon
Atum	Tiwna
Baleia	Morfil
Barco	Cwch
Camarão	Berdys
Caranguejo	Cranc
Coral	Cwrel
Enguia	Llysywod
Esponja	Noddi
Golfinho	Dolffin
Marés	Llanw
Medusa	Sglefrod Môr
Ondas	Tonnau
Ostra	Wystrys
Peixe	Pysgod
Polvo	Octopws
Sal	Halen
Tartaruga	Crwban
Tempestade	Storm
Tubarão	Siarc

Paisagens
Tirweddau

Cascata	Rhaeadr
Caverna	Ogof
Colina	Bryn
Deserto	Anialwch
Geleira	Rhewlif
Golfo	Gwlff
Iceberg	Mynydd Iâ
Ilha	Ynys
Lago	Llyn
Mar	Môr
Montanha	Mynydd
Oásis	Werddon
Oceano	Cefnfor
Pântano	Gors
Península	Penrhyn
Praia	Traeth
Rio	Afon
Tundra	Tundra
Vale	Dyffryn
Vulcão	Llosgfynydd

Países #1
Gwledydd # 1

Alemanha	Yr Almaen
Brasil	Brasil
Camboja	Cambodia
Canadá	Canada
Egito	Yr Aifft
Equador	Ecwador
Espanha	Sbaen
Finlândia	Ffindir
Iraque	Irac
Israel	Israel
Itália	Yr Eidal
Índia	India
Mali	Mali
Marrocos	Moroco
Nicarágua	Nicaragua
Noruega	Norwy
Panamá	Panama
Polônia	Gwlad Pwyl
Senegal	Senegal
Venezuela	Venezuela

Países #2
Gwledydd # 2

Albânia	Albania
Dinamarca	Denmarc
França	Ffrainc
Grécia	Gwlad Groeg
Haiti	Haiti
Indonésia	Indonesia
Irlanda	Iwerddon
Jamaica	Jamaica
Japão	Japan
Laos	Laos
Líbano	Libanus
México	Mecsico
Nepal	Nepal
Nigéria	Nigeria
Paquistão	Pakistan
Rússia	Rwsia
Síria	Syria
Somália	Somalia
Ucrânia	Wcráin
Uganda	Uganda

Pássaros
Adar

Avestruz	Estrys
Águia	Eryr
Cegonha	Ciconia
Cisne	Alarch
Corvo	Frân
Cuco	Gog
Flamingo	Fflamingo
Frango	Cyw Iâr
Gaivota	Gwylan
Ganso	Gŵydd
Garça	Crëyr
Ovo	Wy
Papagaio	Parot
Pardal	Aderyn
Pato	Hwyaden
Pavão	Paun
Pelicano	Pelican
Pinguim	Pengwin
Pombo	Colomennod
Tucano	Twcan

Pesca
Pysgota

Água	Dŵr
Barbatanas	Esgyll
Barco	Cwch
Brânquias	Tagellau
Cesta	Basged
Cozinhar	Coginio
Equipamento	Offer
Exagero	Esboniad
Fio	Gwifren
Gancho	Bachyn
Isca	Abwyd
Lago	Llyn
Mandíbula	Ên
Oceano	Cefnfor
Paciência	Amynedd
Peso	Pwysau
Praia	Traeth
Rio	Afon
Temporada	Tymor

Plantas
Planhigion

Arbusto	Llwyn
Árvore	Coed
Baga	Aeron
Bambu	Bambŵ
Botânica	Llysieueg
Cacto	Cactus
Erva	Perlysiau
Feijão	Ffa
Fertilizante	Gwrtaith
Flor	Blodyn
Flora	Flora
Floresta	Coedwig
Folhagem	Dail
Grama	Glaswellt
Hera	Eiddew
Jardim	Gardd
Musgo	Mwsogl
Pétala	Petal
Raiz	Gwraidd
Vegetação	Llystyfiant

Profissões #1
Proffesiynau # 1

Advogado	Cyfreithiwr
Artista	Artist
Astrônomo	Seryddwr
Banqueiro	Banciwr
Bombeiro	Diffoddwr Tân
Caçador	Helwyr
Cartógrafo	Cartographer
Cientista	Gwyddonydd
Dançarino	Dawnsiwr
Editor	Golygydd
Embaixador	Llysgennad
Encanador	Plymwr
Enfermeira	Nyrs
Geólogo	Daearegwr
Joalheiro	Gemydd
Marinheiro	Morwr
Músico	Cerddor
Pianista	Pianydd
Psicólogo	Seicolegydd
Veterinário	Milfeddyg

Profissões #2
Proffesiynau # 2

Agricultor	Ffermwr
Astronauta	Gofodwr
Bibliotecário	Llyfrgellydd
Biólogo	Biolegydd
Cirurgião	Llawfeddyg
Dentista	Deintydd
Detetive	Ditectif
Engenheiro	Peiriannydd
Filósofo	Athronydd
Fotógrafo	Ffotograffydd
Ilustrador	Darlunydd
Inventor	Dyfeisiwr
Investigador	Ymchwilydd
Jardineiro	Garddwr
Jornalista	Newyddiadurwr
Linguista	Ieithydd
Médico	Meddyg
Piloto	Peilot
Pintor	Peintiwr
Professor	Athro

Psicologia
Seicoleg

Avaliação	Asesiad
Clínico	Clinigol
Cognição	Gwybyddiaeth
Comportamento	Ymddygiad
Conflito	Gwrthdaro
Ego	Ego
Emoções	Emosiynau
Experiências	Profiadau
Inconsciente	Anymwybodol
Infância	Plentyndod
Influências	Dylanwadau
Pensamentos	Meddyliau
Percepção	Canfyddiad
Personalidade	Personoliaeth
Problema	Broblem
Realidade	Realiti
Sensação	Teimlad
Sonhos	Breuddwydion
Terapia	Therapi

Química
Cemeg

Alcalino	Alcalïaidd
Ácido	Asid
Calor	Gwres
Carbono	Carbon
Catalisador	Catalydd
Cloro	Clorin
Elementos	Elfennau
Elétron	Electron
Enzima	Ensym
Gás	Nwy
Hidrogênio	Hydrogen
Íon	Ion
Líquido	Hylif
Molécula	Moleciwl
Nuclear	Niwclear
Orgânico	Organig
Oxigénio	Ocsigen
Peso	Pwysau
Sal	Halen
Temperatura	Tymheredd

Restaurante # 2
Bwyty # 2

Água	Dŵr
Bebida	Diod
Bolo	Cacen
Cadeira	Cadeirydd
Colher	Llwy
Delicioso	Blasus
Especiarias	Sbeisys
Fruta	Ffrwyth
Garçom	Aros
Garfo	Fforc
Gelo	Iâ
Jantar	Cinio
Legumes	Llysiau
Macarrão	Nwdls
Ovo	Wyau
Peixe	Pysgod
Sal	Halen
Salada	Salad
Sopa	Cawl

Roupas
Dillad

Avental	Ffedog
Blusa	Blows
Calça	Pants
Camisa	Crys
Casaco	Côt
Chapéu	Het
Cinto	Gwregys
Colar	Adnabod
Jaqueta	Siaced
Jeans	Jîns
Luvas	Menig
Meias	Sanau
Moda	Ffasiwn
Pijama	Pyjamas
Pulseira	Breichled
Saia	Sgert
Sandálias	Sandalau
Sapato	Esgid
Suéter	Chwyswr
Vestido	Gwisg

Saúde e Bem-Estar #1
Iechyd a Lles # 1

Altura	Uchder
Ativo	Gweithredol
Bactérias	Bacteria
Clínica	Clinig
Doutor	Meddyg
Farmácia	Fferyllfa
Fome	Newyn
Fratura	Twyll
Hábito	Arfer
Hormones	Hormonau
Medicina	Meddygaeth
Músculos	Cyhyrau
Nervos	Nerfau
Ossos	Esgyrn
Pele	Croen
Postura	Osgo
Reflexo	Atgyrch
Relaxamento	Ymlacio
Terapia	Therapi
Tratamento	Triniaeth

Saúde e Bem-Estar #2
Iechyd a Lles # 2

Alergia	Alergedd
Anatomia	Anatomeg
Apetite	Archwaeth
Caloria	Calori
Corpo	Corff
Dieta	Deiet
Digestão	Treuliad
Doença	Clefyd
Energia	Ynni
Genética	Geneteg
Higiene	Hylendid
Hospital	Ysbyty
Humor	Hwyliau
Infecção	Haint
Massagem	Tylino
Peso	Pwysau
Recuperação	Adfer
Sangue	Gwaed
Saudável	Iach
Vitamina	Fitamin

Tempo
Amser

Agora	Nawr
Ano	Blwyddyn
Antes	Cyn
Anual	Blynyddol
Calendário	Calendr
Década	Degawd
Dia	Dydd
Futuro	Dyfodol
Hoje	Heddiw
Hora	Awr
Manhã	Bore
Meio-Dia	Hanner Dydd
Mês	Mis
Minuto	Munud
Momento	Sylw
Noite	Nos
Ontem	Ddoe
Relógio	Cloc
Semana	Wythnos
Século	Canrif

Tipos de Cabelo
Mathau o Wallt

Branco	Gwyn
Brilhante	Sgleiniog
Cachos	Curls
Careca	Moel
Cinza	Llwyd
Colori	Lliw
Curto	Byr
Encaracolado	Cyrliog
Fino	Tenau
Grosso	Trwchus
Loiro	Blond
Longo	Hir
Marrom	Brown
Prata	Arian
Preto	Du
Saudável	Iach
Seco	Sych
Suave	Meddal
Trançado	Plethedig
Tranças	Blethi

Universo
Bydysawd

Asteróide	Asteroid
Astronomia	Seryddiaeth
Astrônomo	Seryddwr
Atmosfera	Awyrgylch
Celestial	Nefol
Céu	Awyr
Cósmico	Cosmig
Equador	Cyhydedd
Galáxia	Galaeth
Hemisfério	Hemisffer
Horizonte	Gorwel
Latitude	Lledred
Longitude	Hydred
Lua	Lleuad
Órbita	Orbit
Solar	Solar
Solstício	Ateb
Telescópio	Telesgop
Visível	Gweladwy
Zodíaco	Sidydd

Vegetais
Llysiau

Abóbora	Pwmpen
Aipo	Seleri
Alcachofra	Artisiog
Alho	Garlleg
Batata	Tatws
Beringela	Eggplant
Brócolis	Brocoli
Cebola	Union
Cenoura	Moron
Cogumelo	Madarch
Couve-Flor	Blodfresych
Ervilha	Pys
Espinafre	Sbigoglys
Gengibre	Sinsir
Nabo	Maip
Pepino	Ciwcymbr
Rabanete	Radish
Salada	Salad
Salsa	Persli
Tomate	Tomato

Veículos
Cerbydau

Ambulância	Ambiwlans
Avião	Awyren
Balsa	Fferi
Barco	Cwch
Bicicleta	Beic
Caminhão	Lori
Caravana	Carafan
Carro	Car
Foguete	Roced
Helicóptero	Hofrennydd
Jangada	Llu
Lambreta	Sgwter
Metrô	Isffordd
Motor	Modur
Ônibus	Bws
Pneus	Tirion
Submarino	Llong Danfor
Táxi	Tacsi
Transporte	Gwennol
Trator	Tractor

Xadrez
Gwyddbwyll

Aprender	I Ddysgu
Branco	Gwyn
Campeão	Pencampwr
Concurso	Gystadleuaeth
Desafios	Heriau
Diagonal	Lletraws
Estratégia	Strategaeth
Jogador	Chwaraewr
Jogo	Gêm
Oponente	Gwrthwynebydd
Passivo	Goddefol
Pontos	Pwyntiau
Preto	Du
Rainha	Brenhines
Regras	Rheolau
Rei	Brenin
Sacrifício	Aberth
Tempo	Amser
Torneio	Twrnamaint

Parabéns

Conseguiu!

Esperamos que tenha gostado tanto deste livro como nós gostamos de o desenhar. Esforçamo-nos por criar livros da mais alta qualidade possível.
Esta edição foi concebida para proporcionar uma aprendizagem inteligente, de qualidade e divertida!

Gostou deste livro?

Um simples pedido

Estes livros existem graças às críticas que publica.
Pode ajudar-nos, deixando agora uma revisão?

Aqui está um pequeno link para
a sua página de revisão:

BestBooksActivity.com/Avaliacoes50

DESAFIO FINAL!

Desafio n° 1

Está pronto para o seu jogo grátis? Usamo-los a toda a hora, mas não são tão fáceis de encontrar - aqui estão os **Sinônimos!**
Escreva 5 palavras que encontrou nos puzzles (n° 21, n° 36, n° 76) e tente encontrar 2 sinónimos para cada palavra.

Escreva 5 palavras de **Puzzle 21**

Palavras	Sinônimo 1	Sinônimo 2

Escreva 5 palavras de **Puzzle 36**

Palavras	Sinônimo 1	Sinônimo 2

Escreva 5 palavras de **Puzzle 76**

Palavras	Sinônimo 1	Sinônimo 2

Desafio n° 2

Agora que já aqueceu, escreva 5 palavras que encontrou nos Puzzles (n° 9, n° 17 e n° 25) e tente encontrar 2 antônimos para cada palavra. Quantos se podem encontrar em 20 minutos?

Escreva 5 palavras de **Puzzle 9**

Palavras	Antônimo 1	Antônimo 2

Escreva 5 palavras de **Puzzle 17**

Palavras	Antônimo 1	Antônimo 2

Escreva 5 palavras de **Puzzle 25**

Palavras	Antônimo 1	Antônimo 2

Desafio n° 3

Óptimo! Este desafio final não é nada para si.

Pronto para o desafio final? Escolha 10 palavras que tenha descoberto nos diferentes puzzles e escreva-as abaixo.

1.	6.
2.	7.
3.	8.
4.	9.
5.	10.

Agora escreva um texto a pensar numa pessoa, num animal ou num lugar de seu agrado.

Pode utilizar a última página deste livro como um rascunho.

A Sua Composição:

CADERNO DE NOTAS:

ATÉ BREVE!

A equipa Inteira